120 Diktate

für das 3. – 5. Schuljahr

von Karin Haller, Ursula Lassert, Jutta von der Lühe-Tower,
Hannelore Maier, Beate Döring, Ingrid Steber

Klett Lernen und Wissen GmbH
Stuttgart

Inhaltsverzeichnis

4. Schuljahr — Abenteuergeschichten

5. Schuljahr — Rätselgeschichten, fremde Länder, Rekorde

Die Lösungen zu den Rätsel-Diktaten finden Sie auf der vorderen inneren Umschlagseite.

Liebe Eltern,

bei diesen spannenden und witzigen Diktaten macht Ihrem Kind das Üben sicher Spaß! Auf unterhaltsame Weise können so Rechtschreibfertigkeiten überprüft werden. Die Diktate trainieren alles, was in den Schuljahren von der 3. bis zur 5. Klasse im Bereich Rechtschreibung wichtig ist.

Folgende Hinweise sind für Sie hilfreich:

- Jedes Diktat übt eine besondere Rechtschreibschwierigkeit. Das Inhaltsverzeichnis zeigt Ihnen, welche Lerninhalte in den einzelnen Diktaten „versteckt" sind. Die entsprechenden Begriffe sind in den Texten farbig markiert. So können Sie mit Ihrem Kind gezielt individuelle Rechtschreibschwächen abbauen.
- (Fach-)Begriffe, die mit einem Sternchen* gekennzeichnet sind, dürfen Sie Ihrem Kind auch buchstabieren.
- Manchmal sind in einem Text mehrere gleich oder ähnlich klingende Laute untergebracht (z.B. ai / ei, äu / eu oder end / ent). Dadurch wird die unterschiedliche Schreibweise bewusst gemacht. Hat Ihr Kind hier Schwierigkeiten, sollten diese Laute nochmals, dann aber getrennt voneinander geübt werden, damit keine Verwirrung entsteht.
- In den Diktaten zur Zeichensetzung sollen die farbigen Satzzeichen selbstständig gesetzt (und nicht diktiert) werden. In den Diktaten zur Worttrennung sollen die farbigen Wörter selbstständig getrennt werden.

Umgangsmöglichkeiten mit den Texten
Abgesehen vom üblichen Diktieren des Textes gibt es mehrere Umgangsmöglichkeiten, die gerade auch für schwächere Schüler geeignet sind:

- Abschreiben des Textes
- Es werden nur die farbig hervorgehobenen Begriffe diktiert.
- Sie diktieren nur einzelne Teile des Diktates.

Denken Sie daran, dass häufiges, aber kurzes Üben mehr Erfolg bringt als seltenes, aber langes Üben. Je weniger Fehler Ihr Kind macht, desto größer ist das Erfolgserlebnis.

Übrigens: Die Lösung der Rätsel-Diktate finden Sie auf der vorderen inneren Umschlagsseite. Und nun viel Spaß beim Diktieren!

Das Geisterschiff

Es kam jedes Jahr in der ersten Februarnacht. Meistens war dichter Nebel in der Hafenstadt. Keiner der Einwohner hörte das Schiff durch das Meer gleiten. Plötzlich tauchte es aus dem Nebel auf und legte am Kai an. Es war groß und düster und versetzte alle in Angst und Schrecken.
Niemals sah man einen Matrosen oder gar den Kapitän. Am nächsten Morgen war es wieder verschwunden, so leise wie es gekommen war. Jedes Mal wurde danach ein Einwohner vermisst.

Wörteranzahl: 79

Großschreibung: Namenwörter und Satzanfänge

Liebe Nina!

Gern verrate ich dir/Dir und deiner/Deiner Schwester, wie ihr/Ihr euch/Euch in Hexen verwandeln könnt:
Also, zieht euch/Euch schwarze Kleider an und bindet euch/Euch einen schwarzen Umhang um. Aus schwarzer Pappe könnt ihr/Ihr euch/Euch spitze Hexenhüte basteln, die ihr/Ihr mit Gummibändern unter eurem/Eurem Kinn befestigt. Malt euch/Euch eure/Eure Fingernägel und Lippen rot an!
Ich bin außerdem auf einem Besen geritten, habe seltsame Zaubersprüche gemurmelt und manchmal einen Hexentanz aufgeführt. Das fanden alle toll!

Viel Spaß wünscht euch/Euch
eure/Eure Marie

Wörteranzahl: 78

Anredefürwörter in Briefen

Namenwörter auf -ung, -nis, -heit und -keit

Wahr oder nicht wahr?

Eine alte Erzählung sagt, dass Vampire* nachts in Häuser eindringen, um bei Menschen Blut zu saugen.
Für diesen Fall solltest du vorbereitet sein! Reibe alle Fenster und Türen mit Knoblauch ein. Hänge ein Kreuz in deinem Schlafzimmer auf. Es ist kein Geheimnis, dass Knoblauch bei Vampiren Übelkeit hervorruft und dass sie vor Kreuzen flüchten. So kannst du für deine Sicherheit sorgen.
Übrigens: Manche Hausbewohner sollen Vampire einfach mit einem Kartenspiel abgelenkt haben. Das wäre doch ein irres Erlebnis!

Wörteranzahl: 78

Wörter mit ss oder ß

Kleine, grüne Männchen

Mama war sehr streng. Was man auf den Teller nahm, musste gegessen werden. Max saß vor seinem Teller, aber das Essen wurde immer mehr statt weniger.
Das konnte doch nicht sein! Was war das bloß? Er konnte es nicht fassen: Ein Salatblatt verwandelte sich in ein kleines, grünes Männchen. Bald waren es zwei, dann drei. Aus dem Nichts schufen sie fleißig immer wieder neues Essen. Max wurde ganz heiß vor Schreck. Wie sollte das nur enden?

Wörteranzahl: 76

Vom schleimigen Wassergeist

das und dass

Die Sonne war untergegangen. Lukas wollte noch einmal im See schwimmen gehen, ohne dass seine Eltern das wussten. Es war wundervoll ruhig im Wasser.
Plötzlich sah er, dass das Wasser zu sprudeln begann. Zuerst erkannte Lukas nur spitze Zacken, dann tauchte ein Kopf auf, der von zerzausten Haaren und einem triefenden Bart umrahmt war. Darin hingen Fische, Blechdosen, Angelhaken und schleimige Algen.
Lukas bemerkte, dass der Wassergeist ihn zu sich winkte. Sollte er es wagen mitzugehen?

Wörteranzahl: 76

Halloween

Wörter mit ie

Für Patrick ist Halloween* das Fest der Gespenster, Monster und Kürbisgeister. In der Nacht zum ersten November sieht man ihn – wie viele andere Kinder in Amerika – gruselig verkleidet durch die Straßen ziehen.
Er geht mit seiner als Hexe verkleideten Schwester Jennifer von Haus zu Haus und fordert Süßigkeiten. Denen, die ihnen nichts anbieten, schauen sie tief in die Augen und drohen mit Hexenzauberei.
Zu Hause haben sie für ein riesiges Halloween-Fest* geschmückt und genießen die Süßigkeiten.

Wörteranzahl: 76

Wörter mit Dehnungs-h

Graf Dracula

Johannes fühlte sich sehr unwohl. Warum nur hatte er die Sendung über den Grafen Dracula* angesehen? Seine Eltern hatten es ihm verboten.
Bei der Erinnerung an den Grafen, der nachts aus seinem Sarg aufsteht, bekam Johannes eine Gänsehaut. Schauerlich sahen seine spitzen, mit Blut befleckten Zähne aus!
Der Junge sah auf die Standuhr. Es war Mitternacht. Er sehnte sich nach seinen Eltern. Plötzlich hörte er, wie sich ein Schlüssel im Haustürschloss drehte. Das waren doch seine Eltern – oder?

Wörteranzahl: 78

Wörter mit d oder g im Auslaut

Welcher Vampir ist schrecklicher?

Die Vampire* Bruno und Edgar streiten sich, wer schrecklicher sei. Bruno kann schrumpfen, bis er klein wie ein Zwerg ist. Edgar kann sich unsichtbar machen, was ziemlich gruselig ist. Dafür kann er nur ein Lied auswendig grölen, während Bruno viele schaurige Lieder kennt. Außerdem besitzt er drei Särge, Edgar kann nur in einem Sarg schlafen.
Aber Edgar kann sich selbst verdoppeln und ist dann ein Zwilling. Also klarer Sieg für Edgar, denn zwei Edgars sind viel schrecklicher als ein Bruno!

Wörteranzahl: 80

Ein unheimliches Abenteuer

Wörter mit eu

Neugierig besuchen Nele und Tobias ein Schloss, in dem es spuken soll. Da! Dunkle Schatten huschen über die Wand. Dann leuchten ihnen die Augen einer Eule entgegen, die auf einem großen Kreuz sitzt. Ein Wolf heult fürchterlich und im Keller seufzt jemand leise. Was hat das alles zu bedeuten? Und jetzt – keucht da etwa jemand die Treppen hoch und kommt direkt auf sie zu?
Voller Angst flüchten die beiden nach draußen. Aber sie wollten ja unbedingt ein Abenteuer erleben!

Wörteranzahl: 79

Unerwarteter Besuch

Wörter mit B / b

Die Klasse 3b feierte ein fröhliches Geisterfest, als plötzlich Besuch erschien. Vor ihnen stand ein Gespenst, das mit weißen Betttüchern behängt war. Auf der einen Schulter war eine Spinne mit besonders langen Beinen befestigt, auf der anderen saß ein kleiner Rabe. Das Gespenst zog eine Blechdose hinter sich her, die fürchterlich klapperte.
Wer hatte sich bloß so seltsam verkleidet?
Plötzlich bog sich Sarah vor Lachen und zeigte auf den Boden. Unter dem weißen Umhang ragten Toms schmutzige Fußballschuhe hervor. Erwischt!

Wörteranzahl: 80

Wörter mit ch oder cht

Wenn Gespenster kegeln

Ängstlich sitzt Max in seinem Bett. Da, schon wieder dieses seltsame Geräusch! Auf dem Dachboden kracht ein Gegenstand dumpf auf den Boden und rollt polternd mehrere Meter weit. Die Hausgespenster spielen wieder ihr Lieblingsspiel. Um Mitternacht schleichen sie herein, schrauben ihre Köpfe ab und kegeln damit um die Wette. Jetzt ist auch noch ein fürchterliches Lachen zu hören! Max flüchtet unter die Bettdecke.
Doch eine Stunde nach Mitternacht ist es plötzlich wieder still und der unheimliche Spuk ist vorbei.

Wörteranzahl: 79

Wörter mit D/d

Ein seltsamer Freund

Ein bisschen merkwürdig war Svens neuer Freund schon. Er war andauernd blass und trug ständig schwarze Kleider. Zwei seiner Vorderzähne waren seltsam spitz und standen aus seinem Mund heraus. Am Hals konnte man zwei kleine, rote Punkte sehen. Er aß nie etwas und besuchte Sven nur abends, wenn es dunkel war und der Mond schien. Und als Sven neulich mit ihm vor einem Spiegel stand, konnte er nur sich selbst darin sehen.
Oje, wer war nur dieser seltsame Freund?

Wörteranzahl: 79

Fremde Wesen

Wo ist es jetzt, das witzige Wesen aus der anderen Welt? Simon schaut zum Himmel, wo die ersten Sterne blitzen.
Gestern auf dem Heimweg wurde er durch ein komisches Knacken aufgeschreckt. Auf dem unbebauten Grundstück leuchtete etwas hinter einem Gestrüpp. Neugierig schlich Simon näher.
Schauerlich – ein grünlich glitzerndes Ding mit überlangen Armen grinste ihn an. „Toll ist es auf eurem Planeten!", sagte der Fremde. Simon war sprachlos. „Bis bald, ich komme wieder!" Plötzlich verschwand der Eindringling mit einem Zischen.

Wörteranzahl: 79

Wörter mit tz oder ck

Allein in der Schule

Annika holte tapfer Luft. Energisch wischte sie die Tränen weg. Also gut, sie war einfach in der Schule eingeschlossen worden. Wo war das nächste Telefon? Im Lehrerzimmer hatte sie einen Apparat gesehen. Doch die Tür war zugeschlossen.
Oder im Raum mit den ausgestopften Tieren? Schnell rannte sie die Treppe hinauf und stieß die Türe auf. Der Mond schien gespenstisch durch das Fenster.
Annikas Blick fiel auf das Skelett*. Hatte es sich nicht gerade bewegt? Wie sollte sie hier nur herauskommen?

Wörteranzahl: 80

Wörter mit doppelten Mitlauten

Wörter mit Fl/fl

Der Flaschengeist

Florian spazierte träumend am Fluss entlang. Was war das – da schwamm eine rote Flasche!
Flink angelte er nach ihr. In der Flasche flackerte und flimmerte es.
Florian zog den leuchtend blauen Korken heraus.
Weißer Nebel quoll aus dem Gefäß und eine Gestalt wurde sichtbar. Sie sah aus wie seine Mutter. „Nichts als Flausen im Kopf. Träum nicht von Flaschengeistern. Wirf die Flasche wieder in die Fluten und steh endlich auf."
Missmutig kroch Florian unter seiner flauschigen Bettdecke hervor.

Wörteranzahl: 78

Wörter mit Mitlauthäufungen

Schlecht geträumt

Julian zog schnell die Bettdecke über den Kopf. Seine Eltern wollten ihm ja nie glauben! Da – schon wieder dieses merkwürdige Geräusch.
Ängstlich lag er im Bett und hörte es stöhnen und schlurfen. Vorsichtig schaute er unter seiner Decke hervor. Schwarze, zackige Schatten tanzten an der Wand auf und ab. Sein Herz schlug ihm bis zum Hals. Wie sollte er bloß diese Nacht überstehen?
Am nächsten Morgen konnte er sich kaum noch an seinen Traum erinnern.

Wörteranzahl: 75

Fußball mit Totenschädel

Wörter mit ä und äu

Es dämmerte schon, als Alex über die Brücke beim Sägewerk ging. Ärgerlich unterdrückte er ein Gähnen, als er plötzlich neben dem alten Gemäuer zwei bläuliche Schatten entdeckte.
Sie räusperten sich und kicherten. Stöhnend liefen sie vorwärts, ächzend stolperten sie rückwärts. Sie schienen mit etwas zu spielen. Aber bei dem spärlichen Licht konnte Alex nichts erkennen.
Da kullerte ihm etwas vor die Füße.
Als er sich bückte, erkannte er einen bleichen Totenschädel. Die Schatten aber verschwanden unter jämmerlichem Geseufze im Fluss.

Wörteranzahl: 80

Eine geheimnisvolle Ziegelei

Wörter mit -ig

Da es Daniel bei seinen schwierigen Hausaufgaben langweilig wird, läuft er zur alten, verlassenen Ziegelei hinüber, um dort bei diesem windigen Wetter zu spielen. Mutig öffnet er eine kleine Seitentür. Zwei grüne Augen leuchten ihn aus dem Dunkeln an. Daniel erschrickt! Ein merkwürdiges, trauriges Geräusch ertönt und klebrige Finger fassen nach ihm. Er spürt sie an den Händen und im Gesicht. Was ist das bloß?
Als er eilig das Licht anknipst, entdeckt er staubige Spinnweben und dahinter eine schwarze Katze.

Wörteranzahl: 80

Wörter mit den Vorsilben be-, ge-, ver- und vor-

Die Cellospielerin

Lena stellte Cello und Cellobogen in die Ecke und versteckte sich im Bett. „Ich kann es nicht und ich will es nicht", bemerkte sie verbissen.
Kaum hatte sie die Augen geschlossen, hörte sie Cellomusik. Das Cello spielte alleine. „Komm, leg die Hände drauf. Zusammen ist es lustiger", lockte es. Lena tat wie vorgeschlagen. Es klappte tatsächlich und sie wurde jeden Tag besser, aber leider nur hinter der verschlossenen Kinderzimmertür. Sie konnte niemals irgendwo vorspielen. Außer Lena verstand das kein Mensch.

Wörteranzahl: 80

Wörter mit -lich

Wo ist das Spiegelbild?

Vor dem Spiegel im Flur verabschiedet sich Nino von seiner Nachhilfelehrerin. Vergeblich sucht er ihr Spiegelbild. Unheimlich! Aber er ist zu müde, um nachzudenken. Jeden Tag wird er schwächlicher und kränklicher. Anstatt gründlich zu lernen, hatte er hier eben schon wieder geschlafen. Das passiert ärgerlicherweise immer öfter. „Willst du nicht endlich gehen?", fragt die Frau freundlich. „Ja, natürlich", stottert Nino.
Da entdeckt er zwei winzige, blutige Flecken an seinem Hals. Er erstarrt. Er begreift. Ängstlich stürzt er davon.

Wörteranzahl: 78

Abenteuer im ewigen Eis

Großschreibung: Substantive und Eigennamen

Es war ein Wettlauf mit der Zeit. Der Norweger Amundsen* und der Engländer Scott* wollten 1911 beide als Erste den Südpol erreichen. Andere waren bereits zuvor an dem eisigen Klima der Antarktis und einer schlechten Ausrüstung gescheitert.
Amundsen brach mit mehreren Männern und Hundeschlitten auf. Scott versuchte, auf anderem Weg den Südpol mit Motorschlitten und Ponygespannen zu erreichen. Doch die Motoren versagten in der Kälte, und die Ponys starben. Trotzdem kämpfte er sich mühsam bis zum Pol durch. Dort fand er die norwegische Flagge.
Amundsen war einen Monat schneller gewesen.
Scott und seine Männer starben vor Erschöpfung auf dem Rückweg. Amundsen ist der erste Mensch, der den Südpol erreicht hat.

Wörteranzahl: 110

Rekorde in unserem Sonnensystem

Großschreibung: Substantive und Eigennamen

In unserem Sonnensystem gibt es unglaubliche Rekorde.
Merkur ist der schnellste Planet. Um die Sonne einmal zu umrunden, braucht er nur 88 Tage. Pluto, der kleinste und kälteste Planet, braucht dafür fast 249 Jahre! Auf dem Riesen Jupiter ist mit 10 Stunden der Tag am kürzesten. Venus* ist der hellste und heißeste Planet. Dort hat man Temperaturen von 462 Grad gemessen.
Völlig unvorstellbare Rekorde erreicht die Sonne. Im Inneren dieses größten Himmelskörpers ist es über 15 Millionen Grad heiß. Ohne ihre Wärme und ihr Licht würde es uns Menschen nicht geben.
Und das ist sicher der tollste Rekord, den die Erde zu bieten hat:
Nur bei uns gibt es Leben!

Wörteranzahl: 110

Großschreibung: Substantive und Satzanfänge

Große Erfinder

Die nächsten Verwandten des Menschen sind die Schimpansen. Diese Menschenaffen sind sehr intelligent und erfindungsreich. Kein anderes Tier kann so wie sie einfache Werkzeuge herstellen und benutzen.
Geschickt verwenden sie große Blätter als Toilettenpapier. Steine dienen als Wurfgeschosse bei der Jagd, Stöcke werden gegen Feinde geschleudert. Einfach genial ist ihre Technik, Termiten* zu fangen und zu fressen. Diese Insekten, die den Ameisen ähnlich sind, bauen große Erdhügel. Schimpansen suchen sich einen Stock, streifen alle Blätter ab und stecken ihn tief in den Hügel hinein. Wütend beißen sich die Termiten daran fest. Die Schimpansen aber ziehen den Stock heraus und lutschen die Termiten ab.
Guten Appetit!

Wörteranzahl: 105

Kleinschreibung: Verben

Weitsprung ins Grenzenlose

Im Stadion herrscht atemlose Stille. Der große, schwarze Weitspringer konzentriert sich. Er schließt die Augen, öffnet sie wieder, trippelt einige Male auf der Stelle und läuft los. Er wird schneller und schneller und springt schließlich an der richtigen Stelle ab. Unendlich lange schwebt er in der Luft, bis er mit weit vorgestreckten Beinen in der Sandgrube landet. Doch die Messanlage, die bis 8,50 Meter anzeigen kann, zeigt kein Ergebnis.
Mit diesem Sprung gelang Bob Beamon* bei den Olympischen Spielen 1968 eine Sensation. Das Ergebnis konnte erst verkündet werden, als von Hand nachgemessen worden war: 8,90 Meter!
Erst 23 Jahre später wurde wieder eine neue Rekordleistung im Weitspringen erzielt.

Wörteranzahl: 108

Vorsicht, Krokodil im Baggersee!

Letzten Sommer geschah etwas Unglaubliches. Beim Transportieren von Reptilien in einen Zoo entwischte ein kleines Krokodil. Es flüchtete in den Baggersee in unserer Nähe.
Als das Verschwinden bekannt wurde, herrschte helle Aufregung. Ein Krokodil im Baggersee! Stell dir vor, es hätte dich beim Baden ins Bein gebissen! Tagelang überlegten Feuerwehrleute, wie sie das Tier fangen könnten. Vielleicht durch das Aufspannen von Netzen im Wasser? Oder durch das Betäuben mit einer Spritze? Glücklicherweise entschloss sich das Krokodil zum Sonnen am Ufer. Dort konnte es eingefangen und mit Seilen gefesselt werden. Erleichtert fuhren alle wieder zum Schwimmen an den Baggersee. Hoffentlich war auch wirklich nur das eine Krokodil entwischt!

Wörteranzahl: 107

Großschreibung: substantivierte Verben

Na, dann gute Nacht!

Da viele der wilden Tiere Afrikas Feinde haben, müssen sie beim Schlafen vorsichtig sein. Der Leopard schläft tagsüber hoch oben auf einem Baum. Bei Gefahr kann er die ganze Gegend gut überblicken. Auch Schimpansen schlafen in den Bäumen. Aus Ästen und Blättern bauen sie sich ein bequemes Bett. Paviane schlafen manchmal tagsüber im Sitzen, wenn sie müde sind. Durch das Wachehalten einiger Männchen fühlen sie sich sicher.
Keine Angst zu haben braucht der riesige Elefant. Er schläft sowohl im Liegen als auch im Stehen gut. Aber die meiste Zeit mit Dösen und Schlafen verbringt der Löwe. Der König der Tiere schläft im Rudel etwa sechzehn Stunden am Tag.

Wörteranzahl: 108

Großschreibung: substantivierte Verben

Kleinschreibung: Adjektive

Eine ungewöhnliche Begegnung

Als ich eines Tages unsere braunweiße Katze suchte, hatte ich eine merkwürdige Begegnung.
Auf der Wiese hinter unserem kleinen Haus war sie nirgends zu finden. Dafür stand plötzlich ein riesiger Elefant vor mir! Er schaute mich direkt an, während er mit seinem starken Rüssel grünes Gras abrupfte und sich ins große Maul schob. Seine mächtigen Füße hinterließen tiefe Fußspuren.
Träumte ich? Oder war ich auf einem außerirdischen Planeten gelandet?
Am nächsten Tag berichtete die Zeitung, dass Bauern einem Zirkus erlaubt hatten, den Elefanten auf ihren blühenden Wiesen fressen zu lassen. Ich war sehr stolz und erzählte allen, dass ich einem gigantischen Elefanten Auge in Auge gegenübergestanden hatte!

Wörteranzahl: 108

Kleinschreibung: Adjektive

Die schwersten Landsäugetiere

Das mächtige weibliche Leittier beobachtet aufmerksam die Umgebung. Droht möglicherweise Gefahr? Die übrigen Elefantenkühe bilden einen engen Schutzwall um eine Kuh und ein kleines Kalb. Sie reinigen das Junge liebevoll und helfen ihm auf die Beine. Mit der empfindlichen Rüsselspitze begrüßt die Mutter ihr Kind von Kopf bis Fuß. Ein Elefantenbaby ist zur Welt gekommen.
Fast zwei Jahre ist es im Bauch der Mutter herangewachsen. Das ist die längste Tragezeit unter den Säugetieren. Obwohl die Jungen schnell größer werden, sind Elefanten erst mit 25 Jahren ausgewachsen. Dann wiegen sie etwa sechs Tonnen und halten einen stolzen Rekord: Sie sind die schwersten lebenden Säugetiere an Land.

Wörteranzahl: 105

Die längsten Hälse der Welt

Großschreibung: substantivierte Adjektive

Das Längste an Giraffen ist ihr bis zu drei Meter hoher Hals. Er scheint ins Blaue des Himmels zu wachsen! Dadurch können Giraffen ganz zarte Blätter von großen Bäumen abweiden. Außerdem haben sie einen fantastischen Rundblick. Alles Gefährliche, das auf sie zukommt, wird von ihnen schnell entdeckt. Und das ist sicherlich das Beste an diesem langen Körperteil.
Doch der riesige Hals bringt der Giraffe nicht nur Gutes. Beim Trinken muss sie die Vorderbeine weit spreizen, damit der Kopf das Wasser erreichen kann. In dieser unsicheren Stellung sind Giraffen leichter angreifbar und deshalb sehr unruhig. Wenn sie aufrecht zwischen dem Grün der Bäume stehen, fühlen sie sich deshalb viel wohler.

Wörteranzahl: 109

Überlistung mit einem hölzernen Pferd

Wörter mit stimmhaftem s

Nachdem die Griechen schon lange erfolglos um die Stadt Troja* gekämpft hatten, wollten sie es mit einer List versuchen. Odysseus* hatte den weisen Einfall, ein riesiges Pferd aus Holz zu zimmern und vor das Stadttor zu stellen. In seinem Bauch sollten sich die edelsten Helden Griechenlands verstecken.
Die Trojaner glaubten, die Griechen hätten den Kampf aufgegeben. Neugierig und sorglos zogen sie das Pferd in die befestigte Stadt hinein.
In der Nacht aber, als die Trojaner schliefen, kamen die Griechen vorsichtig und leise aus dem Bauch des Pferdes heraus. Sie öffneten das Stadttor und ließen ihre übrigen Gefährten hinein. So überraschten sie ihre Feinde im Schlaf und besiegten die Stadt Troja.

Wörteranzahl: 110

Wörter mit stimmlosem s-Laut (geschrieben als s, ss oder ß)

Der größte Vogel

Der Strauß ist zwar der größte Vogel, den es gibt, aber er kann nicht fliegen. Dafür läuft er sehr schnell und ausdauernd. Seine Heimat sind die Steppen und Wüsten Afrikas.
Besonders auffallend sind seine langen Beine und sein langer Hals, der ihn weit in die Ferne schauen lässt. Ein Straußenmännchen kann fast drei Meter groß und 150 Kilogramm schwer werden.
Auch die Eier übertreffen alle Rekorde. Sie wiegen bis zu 1,5 Kilogramm. Das Weibchen legt sie in eine Sandmulde.
Die größte Bedrohung für den Strauß geht vom Menschen aus.
Er jagt diese Tiere wegen der wunderschönen Schwanzfedern und vor allem wegen des Fleisches. Deshalb werden sogar bei uns Strauße gezüchtet.

Wörteranzahl: 110

2. Person Singular bei Verben

Rekordernte

Stell dir vor, du besitzt einen Garten. Im Frühjahr musst du zuerst das Unkraut hacken. Dann säst du aus oder pflanzt Stecklinge ein. Schließlich gießt du alles regelmäßig.
Schnecken, die deine Pflänzchen anknabbern, hasst du. Deshalb passt du auf, dass sie nicht alles vernichten. Über Regenwürmer dagegen freust du dich, denn du weißt, dass sie ein Zeichen für einen guten Boden sind.
Jeden Tag misst du die Größe deiner Früchte. Und schließlich erntest du einen Kohlrabi mit dem Gewicht eines 5-jährigen Kindes, einen Kürbis, der so schwer ist wie ein erwachsener Mensch, und einen Rettich mit 50 Zentimetern Länge.
Das ist kein Traum: Solche Früchte wurden tatsächlich in Deutschland geerntet.

Wörteranzahl: 110

Eine sehr lange Nase

Der Rüssel des Elefanten ist ein sehr interessantes Körperteil. Mit dieser langen Nase pflücken die Pflanzenfresser Gräser, Früchte oder Zweige und schieben sie sich ins Maul. Mit dem Rüssel saugen sie auch Wasser zum Trinken auf. Und wenn die Tiere baden, spritzen sie sich damit flüssigen Schlamm oder Wasser über den Rücken.
Elefanten benutzen ihre Nase auch als Blasinstrument zum Trompeten. Wie stark dieser Rüssel ist, hast du sicher schon einmal im Zirkus gesehen. Elefanten heben Menschen damit ganz leicht hoch. Aber wusstest du auch, dass die Dickhäuter damit ihre Gefährten bei der Begrüßung zart streicheln?
Auf eine Nase, die so viel kann, können wir fast ein bisschen neidisch sein!

Wörteranzahl: 110

Wörter mit ss nach kurzem Vokal

Piraten, die Schrecken der Meere

Über Piraten gibt es interessante Abenteuergeschichten.
Wusstest du, dass das Wort „Pirat" aus dem Griechischen stammt? Es bedeutet „Seeräuber".
An den Küsten Griechenlands hatten die Piraten ein leichtes Spiel. Sie versteckten sich in den Buchten der Küste und der vielen kleinen Inseln. Die Handelsschiffe segelten stets in Küstennähe vorüber. Das wussten die Piraten. Also mussten sie nur geduldig auf ein vorbeifahrendes Schiff warten.
Mit Kanonendonner eröffneten sie den Angriff. Ein gezielter Schuss tötete den Steuermann. Dann schwangen sie sich wild entschlossen über die Schiffsreling und kämpften um die Ladung. Erst danach verließen sie das Schiff wieder. Wie sehr wurden die Seeräuber, die so gewissenlos plünderten und töteten, gehasst!

Wörteranzahl: 108

Wörter mit ss nach kurzem Vokal

das – dass

Warum haben Zebras Streifen?

Zebras sind Wildpferde, die in Afrika in Herden leben. Wusstest du, dass sie am ganzen Körper schwarzweiß gestreift sind? Das Tollste daran ist, dass jedes Zebra sein eigenes Streifenmuster hat. Jedes Muster ist so einmalig wie der menschliche Fingerabdruck.
Aber weshalb haben Zebras ein so auffälliges Fell? Das ist ein großes Geheimnis. Es ist klar, dass es nicht als Tarnung dienen kann. Das Fell ist schon von weitem sichtbar. Soll es vielleicht angreifende Raubtiere verwirren? Viele Forscher haben sich Gedanken darüber gemacht. Es ist erstaunlich, dass bis jetzt niemand eine Antwort gefunden hat.
Aber vielleicht kannst du ja eines Tages das Rätsel lösen, weshalb Zebras ein so herrliches Fell besitzen!

Wörteranzahl: 110

das – dass

Flucht in den Himmel

Vor langer Zeit lebte auf einer griechischen Insel ein Baumeister, der vom König gefangen gehalten wurde. Er bekam von ihm den Auftrag, ein Labyrinth* für das Ungeheuer Minotauros* zu bauen, das dieses nie wieder würde verlassen können. Der Baumeister löste diese schwierige Aufgabe und hoffte, dass er nun mit seinem Sohn Ikaros* die Insel verlassen könnte. Doch das verbot ihm der König.
Da ersann er eine List. Er sammelte Vogelfedern und klebte sie mit Wachs so an Holzgestelle, dass zwei Flügelpaare entstanden. Wie Vögel erhoben sich nun die beiden in die Lüfte.
Doch Ikaros flog trotz aller Warnungen so hoch, dass die Sonne das Wachs zum Schmelzen brachte. Er stürzte ab.

Wörteranzahl: 110

Wie jagen Löwen?

Wörter mit ß nach langem Vokal oder Doppellaut

Der Löwe lebt als einzige Großkatze Afrikas in Gruppen bis zu dreißig Tieren.
Bei Nacht gehen die Löwinnen gemeinsam auf Jagd. Wenn sie zum Beispiel ein Zebra entdecken, pirschen sie sich langsam heran und kreisen es ein. Sobald sie nahe genug sind, schießen sie aus ihrer Deckung hervor. Sie reißen das Zebra mit einem mächtigen Prankenhieb nieder. Ihre kräftigen Reißzähne beißen in die Kehle und töten das Tier. Obwohl die Löwinnen die Beute jagen, müssen sie danach mit dem Fressen warten, bis die Männchen satt sind.
Viele der Beutetiere sind übrigens sehr schnell und entkommen oft. Deshalb ist das Jagen auch für Großkatzen gar nicht so einfach.

Wörteranzahl: 107

Diebstahl auf dem Flohmarkt

Wörter mit Dehnungs-h

Am Sonntag half ich meinen Eltern bei ihrem Stand auf dem Flohmarkt.
Wir hatten viele unterschiedliche Dinge, die wir verkaufen wollten: eine Standuhr, einen Wetterhahn, viele Tassen und Teller, eine Waage, alte Stühle, eine winzige Straßenbahn aus Holz und vieles mehr.
Es war Hochbetrieb. Die Leute wühlten herum, sie nahmen dies in die Hand und legten jenes wieder hin. Es war schwer, alles im Auge zu behalten. Da bemerkte ich, wie ein junges Mädchen zwei wertvolle, alte Uhren nahm und weglief.
So schnell ich konnte, lief ich hinter ihm her. Zehn Minuten später stellte ich die Uhren wieder auf unseren Tisch. Niemand hatte etwas bemerkt.

Wörteranzahl: 104

Wörter mit Dehnungs-h

Warum gähnen Flusspferde?

Flusspferde lieben das Wasser. Die meiste Zeit verbringen sie damit, sich in Sümpfen, Bächen und Flüssen zu suhlen. Nur Augen, Ohren und Nase schauen aus dem Wasser heraus.
Während sie sich an Land sehr schwerfällig bewegen, sind sie im Wasser gute Schwimmer und Taucher. Sogar ihre Babys gebären sie im Wasser und säugen sie dort. Flusspferde ernähren sich auch von Wasserpflanzen.
Sie gähnen nicht etwa vor Langeweile oder Müdigkeit. Im Gegenteil! Während der Paarungszeit sind sie sehr aggressiv. Sie reißen ihr Maul auf und zeigen ihre riesigen Zähne, um andere Flusspferde zu warnen. Das Gähnen ist also eine Drohung, um Gegner einzuschüchtern.

Wörteranzahl: 102

Wörter mit Dehnungs-h

Not macht erfinderisch

Bei Untersuchungen entdeckten Vogelschützer, dass 26 Arten unserer Singvögel vom Aussterben bedroht sind. Dazu gehört zum Beispiel das Braunkehlchen. Es baut seine Nester in Wiesen und unter Büschen. Doch bei der Heuernte werden die Nester mit der Brut oft zerstört. Außerdem sind die Jungvögel durch häufiges Düngen der Wiesen gefährdet.
Sogar die Spatzen sind schon bedroht. Vielen Vögeln bleibt keine andere Wahl: Sie müssen erfinderisch werden, wenn sie überleben wollen. Ein Spatzenpärchen soll tatsächlich in einem Kohlebergwerk 700 Meter unter der Erde genistet haben und hat damit einen traurigen Rekord aufgestellt.
Es ist die Aufgabe des Menschen, unberührte Ruhezonen für Vögel zu schaffen, in denen sie ihre Jungen großziehen können.

Wörteranzahl: 110

Verpatzte Ferien

Wörter mit ie

Am ersten Ferientag spielten mein Bruder und ich Federball. Das Spiel war sehr spannend. Frieder würde sicher verlieren.
Aber plötzlich blies der Wind den Ball in die Dachrinne unseres Sommerhäuschens. Was sollten wir tun? Das Haus war nicht hoch, aber viel zu hoch, um an die Rinne zu gelangen. „Vielleicht geht es hiermit", lachte Frieder und lehnte die Leiter an die Hauswand. Kurz darauf warf er mir fröhlich den Federball zu und stieg die Leiter hinunter.
Doch, oh weh, er übersah eine Sprosse und fiel das letzte Stück herunter. Dabei verrenkte er sich so das Knie, dass er die restlichen Ferientage nur still sitzen konnte. Das war leider ziemlich langweilig.

Wörteranzahl: 110

Wie kommt das kleine Känguru in den Beutel?

Wörter mit ie oder ieh

Wenn ein Känguru geboren wird, ist es ganz winzig und wiegt nicht viel. Es ist so klein wie eine Biene. Nach seiner Geburt kriecht das Neugeborene senkrecht durch das Mutterfell nach oben. Obwohl es nichts sieht, findet es sein Ziel. Es fällt in den Beutel.
Dort verwächst sein Mund mit einer Zitze, aus der von Zeit zu Zeit Milch fließt. Über viele Monate hinweg entwickelt sich das Jungtier weiter. Es ist dann nicht mehr fest mit der Zitze im Beutel verbunden und kann selbständig Milch saugen.
Das ist sicher ein herrlicher Augenblick, wenn es zum ersten Mal dem Beutel entfliehen kann und seine Mutter und die Umgebung sieht.

Wörteranzahl: 108

Wörter mit ie

Klein, aber oho!

Wie eine Gewehrkugel schießt der winzige Ball an dem Gegner vorbei. Der Mannheimer Horst Göpper* jubelt. Wieder ist es ihm gelungen, den Tischtennisball mit einem Tempo von 320 Kilometern pro Stunde aufzuschlagen. Die härtesten Schmetterbälle serviert er seinem Gegner sogar mit 340 Kilometern pro Stunde. Zu einer solchen Leistung muss man ihm einfach gratulieren.
Erstaunlich, wie der kleinste Ball, den es im Sport gibt, sausen kann und wie er Leute zum Jubeln und zum Trauern bringt! Ganze 2,4 Gramm ist der Winzling schwer.
Sein größter Bruder ist der Medizinball. Er hat ein Gewicht von 5 Kilogramm. Deshalb ist er nicht für Ballspiele geeignet, sondern nur für gymnastische* Übungen.

Wörteranzahl: 108

Wörter mit ai oder ei

Unfreiwillige Rast

Am letzten Maisonntag fuhr Familie Schulte aus Mainz* mit dem Auto nach Aachen, um den Thron von Kaiser Karl dem Großen anzuschauen.
Auf der Heimreise hatten sie schon einen großen Teil der Rückfahrt zurückgelegt, als sich der Himmel immer mehr zuzog und es bald zu regnen begann. „Das macht nichts. Wir sind ja bald zu Hause", meinte Mareike. In diesem Augenblick gab es einen Knall. Alle zuckten zusammen. Was war das? „Vielleicht ist ein Reifen geplatzt!", rief Mutter. „Tatsächlich", murmelte Vater einige Augenblicke später, „es stimmt."
So musste die Familie eine unfreiwillige Rast im strömenden Regen machen, bevor sie endlich heimfahren konnte.

Wörteranzahl: 102

Wikingerjunge Björn

Wörter mit doppelten Vokalen

Es ist das Jahr 885. Björn geht zum ersten Mal auf große Fahrt. Schon lange sehnt er sich danach, über das Meer zu reisen. Seit ein paar Monaten war es in dem Wikingerdorf, das am Rande eines großen Moores lag, immer langweiliger geworden.
Nun steht er endlich am Bug eines Schiffes und fährt auf die See hinaus. Der Wind spielt mit seinen Haaren. Das gefällt ihm. Auch als es stürmisch wird und die Wellen immer höher schlagen, hat er keine Angst. Björn weiß, dass das Boot gut gebaut ist. Er hat beim Bau des Bootes geholfen. Und nun darf er mit ihm neue Länder auf der anderen Seite des Meeres entdecken.

Wörteranzahl: 110

Das größte Tier der Welt

Wörter mit langem a, aa oder ah

Der Blauwal kann über dreißig Meter lang und über hundert Tonnen schwer werden. Seine Haut ist unbehaart.
Er lebt in den kalten Polarmeeren. Auf der Suche nach Nahrung taucht er tief hinunter. Wenn er wieder an die Wasseroberfläche kommt, muss er die verbrauchte Luft durch die verschließbaren Nasenöffnungen ausblasen. In der klaren, kalten Luft wird der feuchte, warme Atem zu einem hohen Wasserdampfstrahl. Um sich mit seinen Gefährten zu verständigen, sendet der Wal unter Wasser Signale von ohrenbetäubender Lautstärke aus.
Der Bestand an Walen ist zurückgegangen. Man jagte sie, weil ihr Fett viel Tran enthält. Heute ist die Jagd auf sie in fast allen Staaten untersagt.

Wörteranzahl: 106

Wörter mit ä oder e

Der Bär, ein Einzelgänger

Der größte und gefährlichste aller Bären ist der Grizzly*. Er wird gefährlich, wenn er geärgert wird. Mit einem einzigen Prankenhieb kann er einen Menschen umwerfen.
Den größten Teil des Jahres streifen die Bären allein durch die Ebenen und Wälder ihrer Heimat. Sie sind Einzelgänger und treffen sich nur zur Paarung im Frühsommer. Während des Herbstes frisst sich dann das Weibchen eine dicke Fettschicht an. Es frisst vor allem Wurzeln, Früchte, Beeren und Insekten.
Im Januar bringt es in einer Höhle ein oder zwei Bärenjunge zur Welt. In den nächsten Monaten werden sie von der Mutter gewärmt und gesäugt, bevor sie im späten Frühling die Höhle verlassen.

Wörteranzahl: 106

Wörter mit ä oder e

Der verhüllte Reichstag

Zu Weihnachten werden überall Geschenke sorgfältig in schmuckvolles Papier eingewickelt. Bei manchen Gegenständen kann das sehr mühsam sein, vor allem, wenn sie dann noch in Päckchen und Paketen verschickt werden. Da kann man sich vorstellen, wie schwierig es ist, ein ganzes Haus zu verpacken.
1995 wurde in Berlin ein riesiges Gebäude, der Reichstag, für einige Wochen völlig eingewickelt. Dazu waren ungefähr 100 000 Meter Stoff und mehr als 70 000 Kilometer Seilmaterial nötig. Selbstverständlich wollte man den Reichstag nicht verschicken. Diese Aktion war eine Art Geschenk des Künstlers Christo* und seiner Frau an die Deutschen, das unzählige Menschen bewunderten. Denn oft erkennt man den Wert einer Sache erst, wenn sie verdeckt und versteckt ist.

Wörteranzahl: 110

Erfolg auf dem Dorffest

Wörter mit äu oder eu

Auf dem Dorffest ging es hoch her. Die Häuser waren mit Blumen geschmückt, und die Leute lachten und freuten sich.
Paula stand am Fuße eines hohen, glatten Baumstamms. Weit oben hing ein Kranz mit vielen schönen Überraschungen. Es gab Farbstifte, Spiele, geräucherte Schinken, Pralinen und vieles mehr. Aber bei dieser Höhe sträubten sich Paulas Haare. Trotzdem wollte sie es versuchen. War sie nicht schon häufig auf hohe Bäume geklettert? Sie war neugierig, ob sie es auch hier schaffen würde. Entschlossen räusperte sie sich und begann zu klettern.
Mutig griff sie nach dem Spiel, von dem sie schon lange geträumt hatte. Hurra, da hatte sie es doch tatsächlich erwischt!

Wörteranzahl: 108

Käuzchen oder Schleiereule?

Wörter mit äu oder eu

Vor Freude strahlend kam Klaus vor ein paar Tagen von einem Ausflug zurück. Er hatte in der Scheune eines alten Bauernhofes ein Eulennest entdeckt.
Mit seinem Vater und seiner Schwester Lea will er heute Nacht die Eulen beobachten. Sie sitzen versteckt hinter einigen Sträuchern nahe bei dem alten Gebäude, als sie eine Eule hören. Ein Käuzchen ist es nicht. Es ist eine Schleiereule. Im Mondschein sehen sie, wie sie zielsicher auf ihre Beute, wahrscheinlich ein Mäuschen, herabsegelt.
Schleiereulen leben oft in alten Gemäuern. Wie alle Eulen haben sie große, scharfe Augen und ein gutes Gehör. Selbst in der dunkelsten Nacht können sie ihre Beute treffsicher ansteuern.

Wörteranzahl: 106

Wörter mit sch, st oder sp

Wettrennen mit Schweinen

Der Startschuss ertönte und Schlapp, das Schwein, rannte los. Neben und hinter ihm liefen die Schweinebesitzer, die Kinder Stefan, Lena und Moritz. Wie alle anderen Schweinebesitzer trieben sie ihr Schwein mit Rufen und Schreien an. Sie wünschten sehr, dass es bei diesem Schweinewettrennen Sieger würde.
Schlapp lief nicht schlecht, manchmal lag er sogar an der Spitze aller wettlaufenden Schweine. Aber dann, oh weh, stoppte er plötzlich. Moritz stieß gegen Schlapp, fiel über den breiten Rücken des Tieres und landete im Matsch. Lena stolperte, rappelte sich wieder hoch und versuchte, mit Stefan das Schwein wieder anzutreiben.
Aber Schlapp entschied sich für einen unsportlichen Rückzug und lief ganz schnell zum Start zurück.

Wörteranzahl: 110

Wörter mit chs, gs, ks oder x

Gefährlicher Ausflug im Heißluftballon

Gestern früh um sechs Uhr bestieg Nele mit ihren Eltern einen Heißluftballon. Zuerst war Nele etwas ängstlich. Aufgeregt knabberte sie an ihren Keksen. Aber dann freute sie sich und genoss den Flug.
Sie waren schon einige Stunden unterwegs, als ihr Vater den Ballonführer bat, doch noch fix ein Foto von der ganzen Familie zu machen. Vater und der Ballonführer wechselten die Plätze. Gerade wollte der Mann knipsen, als Nele nach links schaute und laut aufschrie: „Die Stromleitung, die Stromleitung!" Der Ballonführer drehte sich um und riss in letzter Sekunde den Ballon hoch.
Verängstigt, aber gesund, konnten die Fahrgäste wenig später aussteigen. Beinahe hätte dieser schöne Ausflug ein trauriges Ende gefunden!

Wörteranzahl: 110

Friedlich und faul

Wörter mit v, f oder pf

Die größten Menschenaffen sind die Gorillas. Wenn sich ein Männchen aufrichtet, ist es bis zu zwei Meter groß. Aufgrund dieser gewaltigen Gestalt hat sich eine große Angst vor diesen Tieren verbreitet.
Gorillas leben in den Regenwäldern Afrikas. Eine Art lebt im Flachland, die andere in den Bergen. Gorillas sind friedliche Pflanzenfresser. Nur ab und zu fressen sie Fleisch. Dennoch erzählt man sich, dass sie gefährlich seien und Menschen anfallen.
Die Gorillas im Zoo brauchen eine sorgfältige Pflege. Sie sind zutraulich und friedlich, und sie liegen oft stundenlang faul in der Sonne. Besonders gerne verzehren sie frische Früchte und Blätter.

Wörteranzahl: 100

Der Vesuv raucht wieder!

Wörter mit v (Aussprache: w oder f)

Vera und ihr Vetter Markus spazieren durch die Straßen der Ruinenstadt Pompeji*. Vorsichtig betreten sie die Veranda einer römischen Villa.
„Wie viele Menschen mögen damals in diesem Haus umgekommen sein?", fragt Vera. „Es muss schlimm gewesen sein, als diese Stadt verschüttet wurde!" Im Jahre 79 wurde die Stadt durch den Ausbruch des Vesuvs* vollständig zerstört und verschwand unter hohen Massen von Schlamm und Asche. Der Vesuv ist ein Vulkan, der auch heute noch aktiv ist.
„Sieh nur, da kommt Rauch aus dem Vesuv!", ruft Markus erschrocken. Ist es wirklich Rauch, oder ist es nur eine Wolke, die gerade an der Bergspitze vorbeizieht?

Wörteranzahl: 102

Wörter mit d

Der Brief mit den meisten Briefmarken

Normalerweise befinden sich auf einem Briefumschlag nur wenige Briefmarken. Wer aber einen Brief ins Ausland verschickt, braucht vielleicht mehr Marken.
Im Jahre 1922 erhielt eine Person in Österreich allerdings verblüffende Post. Nicht weniger als 1625 Marken musste der Absender in Russland verkleben, um den Brief versandfertig zu machen. Das lag daran, dass der Rubel zu dieser Zeit nur den Wert von wenigen Pfennigen hatte. Wer einen Brief ins ferne Ausland verschickte, musste viele Marken aufkleben. Durch deren Gewicht wurde der Brief jedoch immer schwerer, so dass man noch mehr Marken aufkleben musste.
Kein Wunder, dass dieser Umschlag 1954 für einen hohen Preis versteigert wurde.

Wörteranzahl: 104

Wörter mit d oder t im Auslaut

Das Heulen des Wolfes

Ruhelos läuft der Wolf, der Vorfahre unseres Hundes, in seinem Käfig hin und her. Gespannt starrt er auf die Futterstelle und wartet sehnsüchtig auf sein Fressen. In einer Ecke kauert ein Weibchen mit seinen Jungen, die in den ersten Tagen noch blind und hilflos sind.
Heute gibt es in unseren Wäldern keine frei lebenden Wölfe mehr. Ihr schlimmster Feind, der Mensch, hat sie ausgerottet. In jedem Land und zu jeder Zeit wurden sie gejagt. Heute leben nur noch wenige Wölfe in einsamen Gegenden dieser Erde. So trifft man sie zum Beispiel in Sibirien oder Alaska. Dort hört man noch das Heulen, das so schauerlich durch die Wälder hallt.

Wörteranzahl: 108

Die Titanic

Wörter mit k

Als die Titanic* fertig gestellt worden war, galt sie als ein Wunderwerk der Schifffahrt. Viele Passagiere wollten die Jungfernfahrt über den Atlantik miterleben. Zu spät bemerkte man den Eisberg, der das Schiff versenkte. Viele Hundert Menschen ertranken.
Die Welt erschrak, denn niemand hätte so etwas für möglich gehalten. Auf viele Fragen gibt es bis heute keine Antwort. Gab es wirklich das Spukschiff, das in der Dunkelheit an den Ertrinkenden vorbeiglitt? Und spielte die Musikkapelle tatsächlich bis zum Untergang?
Der Film, der über die Titanic gedreht wurde, schlug alle bisherigen Kassenrekorde. Auf der ganzen Welt strömten die Zuschauer in die Kinos, und viele sahen den Film mehrfach.

Wörteranzahl: 106

Seltsame Tiere aus Australien

Wörter mit ck

Koalas sind sonderbare Tiere mit eigenwilligem Geschmack. Mit großen Ohren, glänzender Nase und lustigem Blick sehen sie aus wie kleine Bären. Sie waren das Vorbild für die Teddybären.
Die Koalas gehören zu den Beuteltieren. Ein Koalajunges steckt sechs Monate im Beutel seiner Mutter und trinkt glücklich die Muttermilch. Dann hockt es noch eine Zeit lang auf dem Rücken der Mutter und wird von ihr ernährt. Danach trinkt ein Koala nie mehr. Das Wort „Koala" bedeutet: Tier, das nicht trinkt.
Der Koala geht auf Entdeckungsreise und lebt nur noch von Eukalyptusblättern*. Er ist ein richtiger Feinschmecker. Er frisst nichts anderes. Wenn er diese Blätter nicht findet, muss er sterben.

Wörteranzahl: 108

Wörter mit g

Eine tolle Entdeckung

Im Jahr 1940 spielten vier Jungen in Südfrankreich im Grünen, als sie plötzlich ein Loch in der Erde entdeckten. Vorsichtig kletterten sie hinunter. Anfangs war es ihnen unheimlich, doch dann blickten sie sich neugierig um.
Überall zweigten Gänge ab, und auf den Wänden erkannten die Jungen schwungvolle Tierzeichnungen. Die Felsbilder wurden vor ungefähr 12 000 Jahren im Licht brennender Zweige angefertigt. Es wurden vor allem Tiere gemalt, die von den Menschen damals gejagt wurden. Das waren Hirsche und Wildpferde. Waren diese herrlichen Gemälde vielleicht eine Dankesgabe an die Götter?
Heute gehören die Höhlen von Lascaux* zu den größten Kunstschätzen Europas.

Wörteranzahl: 99

Wörter mit ng oder nk

So ein Schlingel!

Langsam schwingt sich die Schimpansenmutter auf das Klettergestell. Das Junge schmiegt sich eng an sie. Es ist noch klein und ein wenig ängstlich. Neugierig schaut es nach oben.
Dort hängt sein Bruder Bobo an einem langen Seil. Er winkt ihm zu und schaukelt dabei flink hin und her. Ein strenger Blick seiner Mutter sagt ihm, dass er nicht so wild sein soll. Bobo steckt den Finger in den Mund und schaut weg.
Bald darauf macht er einen großen Sprung zum Käfiggitter und versucht, mit seinen Fingern die Banane eines Besuchers zu angeln. Aber das gelingt ihm nicht.

Wörteranzahl: 97

Eine gefährliche Großkatze

Wörter mit cht oder gt

Erschreckt fliegt der Vogel hoch. Er flüchtet vor einem Tiger, der leise und vorsichtig durch das Gebüsch schleicht.
Diese mächtige Raubkatze kann von der Nase bis zur Schwanzspitze drei Meter lang werden. Ein erwachsener Tiger wiegt bis zu 250 Kilogramm. Das ist mehr als das Gewicht von drei Männern.
Wie alle Großkatzen hat der Tiger ein prächtiges Fell, weswegen er leider oft gejagt worden ist. Heute ist er vom Aussterben bedroht.
Nun ist es wichtig, die übrig gebliebenen Tiere vor der Gier der Menschen zu schützen.

Wörteranzahl: 86

Auf dem Weg zum höchsten Gipfel

Wörter mit tz

Schutz suchend duckt er sich unter einen überhängenden Felsen. Steine stürzen an ihm vorbei. Erhitzt hängt er in einer Felswand des höchsten Berges dieser Erde – der Bergsteiger Reinhold Messner*.
Er ist auf dem Weg zu dem ungefähr 8860 Meter hohen Gipfel des Mount Everest*, der sich unter glitzernden Schneemassen verbirgt. Plötzlich verlässt ihn der Mut. Der Berg kommt ihm noch gewaltiger vor als vor einem Jahr.
Damals hatte er gemeinsam mit Peter Habeler* den Gipfel bezwungen. Jetzt will er es allein versuchen. Wird er es ohne Unterstützung schaffen, oder hat er sich überschätzt?
Stell dir vor: Reinhold Messner hat tatsächlich den Gipfel erreicht – ohne Begleiter und ohne Sauerstoffmaske.

Wörteranzahl: 108

Wörter mit tz

Seltsamer Besuch auf dem Zeltplatz

Mit einem kühnen Satz sprang Lutz vom Fahrrad und dann über den Zaun. „Hier ist eine Spitzenstelle zum Zelten!", rief er strahlend.
„Meinst du wirklich?", fragte ich zweifelnd. „Ich schätze, eine bessere Stelle finden wir jetzt am Abend nicht mehr", meinte er. Also bauten wir das Zelt auf. Dann gingen wir müde und erhitzt zum Bach, um uns zu erfrischen. Es war schon dämmrig, als wir zum Zelt zurückkamen. „Was ist das? Was pendelt dort vor unserem Zelt hin und her?", fragte Lutz verdutzt.
Als wir näher kamen, erkannten wir den Schwanz einer Kuh, die in unserem Zelt stand. Offensichtlich fand die Kuh auch, dass dieser Zeltplatz spitze war!

Wörteranzahl: 109

Wörter mit tz

Menschenfresser

Dschungelkatzen* sind schöne Tiere, aber sie sind auch sehr gefährlich. Die größte Katze ist der Tiger. Tiger ernähren sich gewöhnlich von mittleren bis großen Säugetieren, die sie in der Nacht jagen.
Sie schleichen sich auf leisen Tatzen geduckt an ihre Beute heran. Plötzlich erfolgt dann der Angriff. Durch einen Biss in die Kehle wird das Beutetier blitzschnell getötet. Wenn der Tiger satt ist, jagt er nicht. Er sitzt dann an einem sicheren Platz und bewacht die Reste seines Fressens.
Wenn ein Tiger alt wird, nutzen sich seine Zähne ab. Jetzt kann es vorkommen, dass er auch Menschen anfällt und tötet.

Wörteranzahl: 100

So etwas Verrücktes!

Wörter mit doppelten Konsonanten

Wenn Menschen die Größten oder die Besten sein wollen, kommen sie auf die verrücktesten Ideen.
Ein Tennislehrer schaffte es, 29 Tennisbälle in einer Hand zu stapeln, ohne sie fallen zu lassen. Einem Engländer gelang ein Dauerrekord mit einem Schaukelstuhl: Er wippte ohne Unterbrechung 432 Stunden lang. Oder ein junger Kanadier: Er sprang auf Schlittschuhen 8,99 Meter weit über 18 liegende Fässer. Ein Luxemburger hatte den Einfall, 269 Nägel in einer Stunde in die Form von Hufeisen zu biegen.
Sicher kennst du auch das Tellerdrehen auf beweglichen Stäben. Einem Japaner gelang es, die meisten Teller gleichzeitig zu drehen, nämlich 72 Stück!
Und du? Willst du auch einen solch verrückten Rekord aufstellen?

Wörteranzahl: 110

Im letzten Augenblick

Wörter mit doppelten Konsonanten

Letzten Sommer waren wir mit dem Auto in den Alpen unterwegs. Wir fuhren auf einer sehr schmalen Straße. Links stiegen steile Felswände auf, rechts befand sich eine Schlucht. In einer engen Kurve kam uns ein Bus entgegen. Meine Mutter, die den Wagen lenkte, musste einige Meter zurücksetzen. Der Bus konnte vorbeifahren.
Als wir wieder anfahren wollten, drehten die Räder auf der sandigen Stelle durch. Langsam rutschte unser Auto auf die Schlucht zu. Mein Vater sprang aus dem Auto und stemmte sich dagegen. Aber er schaffte es nicht allein. Zufällig sahen uns zwei Straßenarbeiter. Sie kamen angerannt und halfen. So ist alles noch einmal gut gegangen.

Wörteranzahl: 105

Wörter mit doppelten Konsonanten

Taucher ohne Taucherbrille

Krokodile beherrschen die Flüsse des Dschungels. Wie dunkle Baumstämme schwimmen sie durch das Wasser und warten auf ihre Beute.
Manchmal fressen sie nur einmal in der Woche, aber dann immer riesige Mengen. Dabei brauchen sie sich um Zahnpflege nicht zu kümmern. Wenn die alten Zähne abgenutzt sind, bekommen sie schnell wieder neue. Da seine Augenlider durchsichtig und wasserdicht sind, kann das Krokodil ohne Taucherbrille unter Wasser sehen.
Leider sind Krokodile vom Aussterben bedroht. Sie werden wegen ihrer Haut gejagt. Deshalb sollte man keine Armbänder, Gürtel oder Taschen aus Krokodilleder kaufen.

Wörteranzahl: 89

Wörter mit mpf oder tsch

Der wilde Gartenschlauch

Meine kleine Schwester Lisa stand in unserem Garten. Sie kämpfte mit dem langen, gelben Gartenschlauch, aus dem nur ein paar Tropfen fielen.
Sie schimpfte und stampfte wütend mit den Füßchen, weil sie keine Blumen gießen konnte. Ich wollte sie ein wenig Bange machen und stellte den Wasserhahn an.
Als das Wasser herausströmte, erschrak sie so sehr, dass sie den Schlauch losließ. Der Schlauch klatschte nach rechts und klatschte nach links. Alles wurde patschnass: Lisa, der Rasen, die Blumen, ja sogar die Spatzen, die auf der Gartenmauer zwitscherten. Es war zu komisch.
Da kam meine Mutter angelaufen. Sie wusste nicht, ob sie lachen oder schimpfen sollte.

Wörteranzahl: 105

Kein Platz für Tiere

Getrenntschreibung: Verbindungen von so, wie oder zu mit viel oder wenig

Die meisten wilden Tiere leben im Regenwald. Wir können uns gar nicht vorstellen, wie viele Spinnen und Ameisen oder Vögel dort leben. Wahrscheinlich sind es zu viele, um sie alle zu zählen. Viele der größeren Tierarten sind dagegen fast ausgestorben. Ihr Lebensraum wird ständig bedroht. Hier wissen wir genauer, wie viele Tiere es noch gibt.
Dazu gehören zum Beispiel der Tiger in Indien oder der Panda, der in den Bambuswäldern von China lebt. Er kann kaum noch so viel Bambus an einem Tag finden, wie er eigentlich fressen muss. Es gibt inzwischen zu wenig Bambuswälder. Der Platz wird für Straßen und Dörfer gebraucht.

Wörteranzahl: 103

Entdeckung eines neuen Kontinents

Getrenntschreibung: Verbindungen von so, wie oder zu mit viel oder wenig

Im Jahre 1492 fuhr Kolumbus als Kapitän der „Santa Maria" über den Atlantik.
Wie viele Wochen würden sie wohl fahren müssen, bis sie Indien erreichten? Die Leute wurden langsam unruhig. Jeden Tag sahen sie nur das Meer. Keine Insel, keine Küste! „So viele Wochen auf einem Schiff, das ist ja nicht auszuhalten", murrten sie leise. „Das wird uns langsam zu viel!" Wie viel Wasser hatten sie noch zu trinken? Wie viele Lebensmittel gab es noch zu essen? Die Mannschaft wurde immer unruhiger.
Da sichteten sie endlich Land. Doch es war nicht Indien, sondern Amerika! Ein neuer Kontinent war entdeckt.

Wörteranzahl: 99

Getrenntschreibung: Verbindungen von so oder wie mit Adjektiven

Ein richtiger Winzling

Der Kolibri* ist der kleinste Vogel der Welt. Diese Vögel sind fünf bis sechs Zentimeter groß. Manche werden auch nur so groß wie eine Hummel. Du würdest dich wundern, wie klein er aussieht. Und wie viel wiegt dieser kleine Winzling? Nur 1,6 Gramm. Das ist so leicht wie ein Schmetterling.
Kolibris haben ein glänzendes, schillerndes Federkleid. Ihre Nahrung besteht aus kleinen Insekten und Nektar. Die Vögel sind so geschickt, dass sie den Nektar während des Flugs aus Blüten saugen. Du glaubst gar nicht, wie schnell ein Kolibri dabei seine Flügel bewegen kann: bis zu 70-mal in der Sekunde! Deshalb sieht es so aus, als ob er in der Luft steht.

Wörteranzahl: 110

Getrenntschreibung: Substantiv-Verb-Verbindungen

Wilde Tiere im Zirkus

Wilde Tiere kannst du nicht nur in großen Naturparks oder im Zoo sehen. Viele ziehen mit einem Zirkus von Ort zu Ort, wo sie aufregende Kunststücke zeigen.
Dort siehst du Bären Rad fahren und Seelöwen Ball spielen. Pferde können Walzer tanzen, und Tiger können Schlange stehen. Müssen wir diese Tiere bedauern, weil sie so etwas machen müssen? Ich glaube nicht. Die Zirkusleute verlangen nur solche Kunststücke, die den natürlichen Bewegungen der Tiere entgegenkommen. Die Tiere müssen im Zirkus nicht Not leiden, und das Turnen und Üben von Kunststücken macht ihnen meistens Freude.

Wörteranzahl: 92

Ein Fund mit Überraschungen

Getrennt-schreibung: Verbindungen aus zwei Verben

Michael murrte. Er musste mit seinen Eltern spazieren gehen. Dabei wollte er doch eigentlich sitzen bleiben und sein spannendes Buch zu Ende lesen.
Bei der ersten Gelegenheit ließ er sich aus Protest auf eine Parkbank nieder. Da sah er sie neben sich liegen. Klein, schwarz und teuer sah sie aus. „He, hier hat jemand eine Brieftasche vergessen. Sollen wir sie liegen lassen oder zur Polizei bringen?", fragte er aufgeregt. Als er sie öffnete, fand er eine Telefonnummer. Von der nächsten Telefonzelle aus rief er dort an.
Als Michael wieder herauskam, sagte er strahlend: „Ich glaube, wir werden gleich den Bürgermeister kennen lernen, und eine Belohnung bekomme ich auch!"

Wörteranzahl: 108

Die Entdeckung des höchsten Wasserfalls

Getrennt-schreibung: Verbindungen aus zwei Verben

Der Pilot Jimmy Angel* war auf dem Weg zum Flughafen. Gerne hatte er zu Hause alles stehen lassen, um zum Flughafen zu eilen. Welche Landschaften oder Menschen würde er heute kennen lernen? Jimmy ahnte nicht, was an diesem Tag auf ihn zukommen würde.
Er befand sich hoch über dem Dschungel Südamerikas, als es Probleme mit der Maschine gab. Bei der Notlandung ging das Flugzeug zu Bruch. Er musste es im Urwald liegen lassen und sich zu Fuß auf den Weg machen, um bewohntes Gebiet zu erreichen. Dabei entdeckte er den welthöchsten, fast 1 Kilometer hohen Wasserfall, der nach ihm benannt wurde: den Salto de Angel* in Venezuela*.

Wörteranzahl: 107

Wörter mit -isch, -ig oder -lich

Ötzi, der älteste Tote aus dem Eis

Bayerische Bergwanderer entdeckten 1991 in den Ötztaler* Alpen einen vom Gletschereis halb verborgenen Toten. Man vermutete zunächst, dass ein tragisches Unglück oder ein Verbrechen geschehen sei. Unverzüglich wurde die Polizei verständigt.
Als man die merkwürdigen Gegenstände, die bei der Leiche lagen, untersuchte, entdeckte man sorgfältig gefertigte Pfeile und Kleidungsreste aus Fell und Leder. Deshalb ging man bei der schwierigen Bergung sehr vorsichtig vor.
Einige Zeit danach war endgültig klar: Der Tote hatte nicht nur einige Jahrzehnte oder Jahrhunderte in eisiger Höhe gelegen, sondern war vermutlich vor 5300 Jahren gestorben. Heute kann man „Ötzi" in einem Museum besuchen und mehr über seine Zeit erfahren.

Wörteranzahl: 104

Trennung zusammengesetzter Wörter nach ihren Bestandteilen

Ein schnelles Fahrzeug

Ein Rad-fahrer kommt mit einem Tritt auf das Pedal fast drei Meter weit. Er muss dabei seine Beine nicht schneller bewegen als ein Fuß-gänger, der mit einem Schritt nur etwa 70 Zentimeter zurück-legt. Das Fahr-rad ist deshalb auch heute noch das einzige Verkehrs-mittel, bei dem sich der Mensch mit so wenig Kraft-aufwand so schnell und so weit fort-bewegen kann.
Fahr-räder aus Stahl-rohr gibt es seit 1885. Viele Menschen waren damals begeistert von den neuen Fahr-zeugen. Die Vorteile überzeugen heute noch: Jeder kann es benutzen. Man bestimmt das Tempo und die Fahrt-strecke selbst. Man ist ständig an der frischen Luft. Außerdem ist das Radeln sehr gesund, und es macht einfach Spaß!

Wörteranzahl: 110

Traurige Rekorde

Komma bei Aufzählungen

Bei den Olympischen Spielen freuen wir uns über die vielen Rekorde, die die Sportler erzielen. Es gibt aber auch Rekorde, die weniger erfreulich sind.
Für diese Spiele müssen Wohnungen für Sportler, Wettkampfstätten, Hotels und Straßen gebaut werden. Bei den Bauarbeiten werden Bäume gefällt, Felsen gesprengt, Wiesen zerstört und Erde verlagert. Unserer Umwelt wird dadurch schwerer Schaden zugefügt. Viele dieser Bauten, wie zum Beispiel Sprungschanzen, werden nach den Spielen nicht mehr benutzt, weil sie zu groß und teuer sind.
Niemand hat je gezählt, wie viele Bäume, seltene Pflanzen und Wiesen verschwanden, wie viele giftige Stoffe, Schmutz und Abgase in die Umwelt gelangten. Ganz sicher würden hierbei traurige Rekorde erzielt werden.

Wörteranzahl: 109

Sanfte Riesen

Komma zwischen Haupt- und Nebensatz

Weißt du, dass der Blauwal das größte Tier ist, das es je gab?
Er ist sogar größer als die größten Dinosaurier, die vor langer Zeit lebten. Seine Länge beträgt über 30 Meter, und er wiegt etwa 140 Tonnen. Das entspricht dem Gewicht von 33 Elefanten! Wie alle Wale sind auch Blauwale Säugetiere, weil sie lebende Junge zur Welt bringen.
Obwohl der Blauwal ein gigantischer Riese ist, hat er keine Zähne. Das braucht er auch nicht, da er sich von winzigen Krebstierchen ernährt. Er fängt sie, während er mit aufgerissenem Maul durch die Meere schwimmt.
Heute ist dieser sanfte Riese vom Aussterben bedroht, da er über viele Jahre hinweg gejagt wurde.

Wörteranzahl: 110

Großschreibung:
Substantive
Großschreibung:

Licht und Scheibe

Es ist ein wunderliches Gerät. In seinem Inneren ist Licht, aber nicht wie bei einer Lampe, die den ganzen Raum erhellt. Nein, wenn man hineinsehen könnte, würde man erkennen, dass es ein feiner Lichtstrahl ist, den man ganz genau auf eine Stelle richten kann.
Das Gerät hat einen Motor, der eine Nabe dreht. Auf die Nabe steckt man eine kleine, silbrige Scheibe, die nicht größer als eine Handfläche ist. Auf der Scheibe sind ganz schmale, für das menschliche Auge nicht erkennbare Vertiefungen.
Diese Vertiefungen tastet der Lichtstrahl ab und gibt ihre Anzahl und Reihenfolge an einen kleinen Rechner weiter. Der Rechner übersetzt das Ganze dann in Musik.
Weißt du, um welches Gerät es sich handelt?

Wörteranzahl: 115

Großschreibung:
feste Wort-
verbindungen

Die vergessene Inka-Stadt

1911 machte ein Forscher in den Anden eine Aufsehen erregende Entdeckung. Weit entfernt von heutigen Dörfern und Städten hatte der Urwald seit Hunderten von Jahren eine Inka-Stadt überwachsen. Im Auf und Ab der Geschichte war diese Stadt, in der über tausend Menschen lebten, vergessen worden.
Nach vielem Hin und Her und mühsamen Ausgrabungsarbeiten kamen die Mauern der Häuser zum Vorschein. Heute sind die Ausgrabungen im Großen und Ganzen abgeschlossen. Inmitten der Ansiedlung steht noch immer ein hoher, großer Stein. Merkwürdig ist seine unregelmäßige Form. War es ein Opferstein? Man nimmt im Allgemeinen an, dass er als Kalender diente. Aber man weiß noch immer nicht genau, weshalb man die Stadt vergaß und weshalb sie verlassen wurde.

Wörteranzahl: 115

Ein großes Ärgernis

Großschreibung: substantivierte Verben

Die Lehrer behaupten, sie sind notwendig. Angeblich wird man nur durch das Üben ein Meister, aber im Erfinden von Ausreden sind sie ja spitze. In Wirklichkeit kommen sie morgens mit dem Stoff nicht durch. Das Belästigen von Schülern auf diese Art und Weise ist unerträglich.
Am schlimmsten ist, dass man sie nachmittags erledigen soll. Morgens Schule, nachmittags, na du weißt schon. Das Planen des ganzen Tages wird dadurch erschwert.
Man kann sie auch morgens vor der Schule abschreiben. Leider hat das Abschreiben Nachteile. Es ist zwar einfach und geht schnell, aber man lernt nichts dabei und hat dann vor Klassenarbeiten beim Lernen mehr zu tun.
Wer weiß, vielleicht sind sie ja doch ganz nützlich, die...

Wörteranzahl: 115

Baden im Toten Meer

Großschreibung: substantivierte Verben

Meistens ist man beim Schwimmen im Meer damit beschäftigt, an der Wasseroberfläche zu bleiben, ohne von den Wellen mitgerissen zu werden. Beim Baden im Toten Meer in Israel ist das anders. Glatt wie ein Spiegel liegt das salzhaltigste Gewässer der Welt in der Wüste. Lässt man sich in tieferes Wasser gleiten, geschieht Überraschendes. Arme und Beine bleiben einfach auf der Oberfläche liegen. Nur mühsam kann man sie ins lauwarme Nass versenken. Das Tauchen ist unmöglich. Das Bequemste ist, sich einfach ins tiefe Meer zu setzen. Stundenlang kann man nun seine Zehen oder auch das umliegende Gebirgspanorama betrachten. Ist man zurück auf dem Trockenen, glitzern unzählige Salzkristalle auf der Haut. Schnell unter die Dusche, sonst nimmt das Jucken kein Ende!

Wörteranzahl: 119

Großschreibung: substantivierte Adjektive

Lang, rund und mit einem Loch

Das Geschwungene ihres Körpers und ihr langer Hals bestimmen ihr Aussehen. Mitten in ihrem Körper befindet sich ein Loch. Im Inneren ist sie hohl.
Über ihr Körperloch hinweg und ihren Hals verlaufen Saiten. Schlägt oder zupft man diese Saiten an, schwingt der Körper und erzeugt Töne. Auf den Saiten kann man durch das Drücken auf verschiedene Stellen die Tonhöhe beeinflussen.
Das Schöne ist, dass es sie noch in einer anderen Ausführung gibt. Das Äußere dieser Version ist ähnlich, obwohl das Loch fehlt. Aber das Wichtigste ist, dass sie ohne Strom nur Klägliches von sich gibt.
Doch wenn man sie an Strom anschließt, ist sie nicht mehr zu halten. Einer ganzen Musikrichtung hat sie ihren Stempel aufgedrückt und viel Gutes produziert.

Wörteranzahl: 120

Großschreibung: substantivierte Adjektive

Auf einem orientalischen Bazar

Innerhalb der Stadtmauern alter orientalischer Städte befindet sich meistens ein Bazar*. Hier sind die Gassen eng und verwinkelt und die Käufer vor dem grellen Sonnenlicht geschützt. Manche Händler verbergen sich im Halbdunkel ihrer Geschäfte, sind jedoch sofort zur Stelle, wenn ein Neugieriger ein Schmuckstück oder eine Ledertasche begutachtet.
Ein Glas Tee lockt den Interessenten in das Innere, wo noch Kostbareres oder Preisgünstigeres zu finden sein soll. Wer die Landessprache nicht spricht, wird auf Englisch von den Vorzüglichkeiten der Ware überzeugt. Es ist kein Leichtes, sich wieder höflich den Weg ins Freie zu bahnen, wo einen nebenan, beim Fleischhändler, Schweinsköpfe und Ochsenaugen klagend anglotzen. Bei einem starken Kaffee erholt man sich von der Vorstellung, ein solches Fleischgericht verzehren zu müssen.

Wörteranzahl: 119

Gefährliche Fahrt in Südamerika

Wer zu einer entlegenen Stadt in den südamerikanischen Anden reist, kann keine Eisenbahn benutzen, sondern muss mit dem Bus fahren. Dann hat man meistens wundersame Nachbarn: Eine Frau, die zwei ungepolsterte Sitze mit drei Kindern und einem vollgestopften Hühnerkäfig teilt. Oder einen Greis, der pausenlos Kürbiskerne verspeist.
Manchmal dauert eine solche Reise mehrere Tage. Die Straßen sind schmal, kurvenreich und gefährlich. Oft blickt man direkt neben dem Bus in einen gähnenden Abgrund. Hoffentlich ist der Fahrer nicht zu müde und bremst rechtzeitig, wenn ein Fahrzeug entgegenkommt oder ein Hindernis im Weg liegt! Manchmal wird der Bus auch in der Finsternis gestoppt und von schwer bewaffneten Soldaten durchsucht. Ist man endlich wohlbehalten angekommen, preist man sein Glück.

Wörteranzahl: 116

Wörter mit stimmlosem s-Laut (geschrieben als s, ss oder ß)

Das Geheimnis der Chinesen

Jahrhundertelang versuchte man in Europa, das Geheimnis um einen kostbaren Stoff zu lösen, den man in China schon lange kannte, dessen Herstellung aber geheim gehalten wurde.
Reiche Europäer kauften die chinesischen Erzeugnisse für viel Geld. Immer wieder gingen Alchimisten* das Wagnis ein und versuchten, den Stoff herzustellen. Doch sie stießen stets auf Hindernisse und Probleme. Für viele von ihnen wurde das Experimentieren zum Verhängnis. Sie wurden ihr Leben lang gefangen gehalten oder starben bei ihren gefährlichen Versuchen.
Erst 1709 gelang es dem Alchimisten Böttger* und dem Physiker Tschirnhaus* das Geheimnis zu lüften. Sie konnten einen wesentlichen Bestandteil des Stoffes entdecken.
Heute kann sich jeder das Erlebnis leisten, hauchdünne, weiße Tassen oder Schalen aus diesem herrlichen Material zu verwenden, dem ...

Wörteranzahl: 119

Wörter mit den Endungen -nis oder -nisse

Wörter mit ss nach kurzem Vokal

Straßenkinder

In den großen Städten Südamerikas gibt es prachtvolle Straßen, elegante Restaurants und teure Geschäfte. Dass das Elend jedoch nicht weit entfernt ist, erkennt man an den Straßenkindern. Man trifft sie in Massen vor allem an den Ampeln. Dort hasten sie zu den haltenden Autos und säubern für ein paar Münzen die Windschutzscheiben. Andere Kinder müssen mit dem Verkauf von Zigaretten ihren Lebensunterhalt verdienen.
Viele von ihnen haben noch nicht einmal in den Slums der Stadt ein Zuhause. Elternlos wohnen sie in Hauseingängen oder auch in Pappschachteln an Flussufern. Dort leben sie oft als kleine Familie zusammen, in der sich die Kleinkinder von älteren Mädchen umsorgen lassen, während die größeren Buben Essen und Geld für die heimatlose Gruppe beschaffen.

Wörteranzahl: 118

Wörter mit ss nach kurzem Vokal

Wer lebt so bequem?

Ihr massiger Körper wirkt nicht besonders anmutig. Unterwasseraufnahmen zeigen jedoch, dass diese Tiere elegante Schwimmer sind. Ihre Heimat sind die Flüsse und Seen Afrikas. Dort suhlen sie sich im Uferschlamm oder dösen, während sie im Wasser liegen. Diesem bequemen Leben im Süßwasser haben sie sich hervorragend angepasst: Während der Körper träge im warmen Wasser liegt, ragen nur Augen, Ohren und Nasenlöcher über die Wasseroberfläche hinaus.
Eine interessante Beobachtung könnt ihr machen, wenn die Tiere auf Sandbänken liegen. Wisst ihr, dass ihre Haut dann am ganzen Körper eine rote Flüssigkeit absondert? Daher stammt die Redensart, dass diese Tiere Blut schwitzen. Aber sie produzieren nur einen rötlichen Schleim, der die glatte Haut vor der stechenden Sonne schützt.

Wörteranzahl: 115

Ferien in Venedig

Wörter mit ss nach kurzem Vokal

Maja und Alex spazieren mit den Eltern durch die engen Gassen von Venedig*.
Maja fotografiert eine der 400 Brücken Venedigs. Die Brücken verbinden insgesamt 118 Inselchen miteinander. Vater studiert den Stadtplan, und Mutter notiert sich einen ausgefallenen Straßennamen. Als sie die Seufzerbrücke überqueren, werden sie ganz nachdenklich. Wie viele Menschen wurden hier früher durch das Gericht verurteilt und mussten in den Bleikammern des Gefängnisses leiden! Alex zählt die Gondeln und Motorboote, auf denen Waren und Menschen transportiert werden. Heftige Wellen klatschen gegen die Hauswände.
Gleich fahren sie zur Insel Murano*. Von dort werden noch immer herrliche Glaswaren in alle Welt exportiert. Die Kinder sind begeistert von dieser Stadt. Ob sie wirklich langsam im Meer versinkt?

Wörteranzahl: 115

Unsichtbare Kraftspender

Wörter mit ss nach kurzem Vokal

Mediziner empfehlen, sie recht häufig zu uns zu nehmen. Wir finden sie in Gemüsen wie Kohl oder Möhren oder auch in Obst wie beispielsweise Apfelsinen oder Mandarinen. Petersilie und Schnittlauch besitzen eine Menge davon. Wichtig für die ganze Familie sind auch Nüsse, Mandeln oder Trockenfrüchte wie Rosinen. Sogar Butter und Milch enthalten sie.
Wer nur wenig von ihnen zu sich nimmt, hat auch nicht viel Kraft. Er wird kaum mehrere Kilometer Dauerlauf machen können, ohne bald wie eine Dampflokomotive zu schnaufen. Wer längere Zeit eines oder gar mehrere von ihnen entbehrt, wird krank und leidet an Mangelerscheinungen.
Man findet sie übrigens nicht nur in natürlicher Form in unserer Nahrung, sondern auch in Tabletten oder schmackhaften Bonbons.

Wörteranzahl: 116

Wörter mit Dehnungs-h

Der am höchsten gelegene Bahnhof Europas

Tommi und Tina sitzen mit ihrer Tante Lore in einer schweizerischen Zahnradbahn. Sie fahren zum höchst gelegenen Bahnhof Europas hinauf. Mehr als sieben Kilometer führen die Gleise durch einen Tunnel. Hin und wieder kann man durch ein Loch in der Felswand auf Geröll- und Schneemassen schauen. Die Fahrt endet auf dem Bahnhof des Jungfraujochs*, der 3454 Meter hoch liegt. Bald stehen sie im strahlenden Sonnenschein. Vor ihnen liegt der riesige, glitzernde Aletschgletscher*. Er ist von Schnee bedeckt.
„Wie viele Gletscherspalten mögen wohl darunter versteckt sein?", fragt Tina.
„Und wie viele ahnungslose Bergsteiger mögen in diese versteckten Gletscherspalten gestürzt sein? Das Betreten eines Gletschers ist lebensgefährlich. Das weiß jeder erfahrene Bergsteiger", ergänzt Tante Lore.

Wörteranzahl: 113

Wörter mit Dehnungs-h

Untergang eines Traumes

Auf ihrer Jungfernfahrt geschah das Unglück. Mit diesem Schiff wollte man den Rekord der schnellsten Atlantiküberquerung brechen. Deshalb wählte man eine nördliche Route und missachtete die Eisberggefahr. Alle waren wohl sehr sorglos gewesen.
Ahnungslos liegen die Passagiere in ihren Betten. Niemand spürt die Gefahr. Plötzlich taucht ein Eisberg auf, der Steuermann reißt das Ruder herum. Majestätisch gleitet das Schiff am Eisberg vorbei, aber ein ohrenbetäubender Lärm kündet das Unheil an. Der Eisberg schlitzt das Schiff seitlich auf, Wasser dringt ein. Das als unsinkbar geltende Schiff bekommt Schlagseite. Die Menschen prügeln sich um die wenigen Rettungsboote. Langsam erreicht das Wasser alle Winkel des Schiffes und zieht es in die kalten Atlantikfluten.
Mehr als tausend Passagiere starben. Der Untergang erschreckte die Menschen und beflügelte ihre Fantasie. Viele Bücher wurden geschrieben und Filme gedreht über den Untergang der ...

Wörteranzahl: 119

Klettern in einer Klamm

Wörter mit Konsonantenverdoppelung

Karin und Klaus steigen vorsichtig über die Stege der Liechtenstein-Klamm* in Österreich. Sie klettern Treppen hinauf und hinunter, überqueren die stellenweise 300 Meter tiefe Schlucht auf schmalen Brücken und schleichen durch dunkle Stollen.
„Es kann einem fast schwindelig werden dabei", denkt Klaus. „Mir ist richtig kalt", jammert Karin. Und das stimmt. In einer Klamm ist es feuchtkalt. Das Wort „Klamm" kommt übrigens von „klemmen".
So manch ein Besucher bekommt auch Beklemmungen, wenn er auf das laut rauschende Wasser hinabschaut.
In den Alpen findest du viele dieser tief eingeschnittenen Schluchten mit senkrechten oder gar überhängenden Felswänden. Früher waren das für Holzfäller besonders gefährliche Stellen, weil sie hier die festgeklemmten Baumstämme wieder flottmachen mussten.

Wörteranzahl: 113

Von der Draisine zum ...?

Wörter mit tz oder ck

Als es erfunden wurde, nannte man es Laufrad oder „Draisine"*.
Man hockte auf einem Holzsitz und stieß sich mit ausgestreckten Füßen am Boden ab. Du kannst dir vorstellen, wie anstrengend das gewesen sein muss. Schnell kam man ins Schwitzen und für den Rücken war es auch nicht gerade angenehm.
Schon bald entwickelte man einen Antrieb über Kette und Pedal und Gänge mit verschiedenen Übersetzungen. Auch an den Komfort* wurde gedacht. Dickere Sitze aus weichem Leder und Schutzbleche, die vor Schmutz und Dreck schützten, kamen hinzu. Nun konnte man bequem auch längere Strecken zurücklegen.
Heute wird es vor allem als Sport- und Freizeitgerät benutzt.
Aber im bevölkerungsreichsten Land der Erde wird es noch immer hauptsächlich als Fortbewegungsmittel verwendet, das ...

Wörteranzahl: 118

Wörter mit ck

Das Wattenmeer vor der holländischen Küste

An der Nordsee findest du zwischen den Inseln und dem Festland einen zwanzig Kilometer breiten Streifen aus feinstem Schlick und Sand.
Bei Flut ist dieses Watt von Meerwasser bedeckt, bei Ebbe ist es trocken. Es ist nicht einfach, die Strecke zwischen Insel und Festland zu Fuß zurückzulegen, denn tiefe Wasserrinnen durchziehen das Watt. Brücken und Stege, auf denen man die Priele überqueren könnte, gibt es hier nicht. Schon manch einem Wattwanderer haben diese Priele die Rückkehr unmöglich gemacht.
Wer glaubt, dass es im Wattenmeer keine Tiere gibt, der irrt. Wenn man sich bückt, erblickt man kleine Löcher oder Sandhäufchen, die zeigen, wo sich Lebewesen verstecken. Es gibt hier Millionen von Muscheln, Krebsen, Würmern und Schnecken, aber auch viele Vögel.

Wörteranzahl: 119

Wörter mit k im Wortinneren

Berühmte Seefahrer

Sie waren ein kriegerisches Seefahrervolk im Mittelalter. Ihre ersten Siedlungen lagen an den skandinavischen Küsten.
Als ihre Bevölkerung zunahm, fuhren sie auf ihren schlanken, fast unsinkbaren Schiffen zu neuen Küsten. Wie Geisterspuk tauchten sie plötzlich dort auf, plünderten, mordeten und verschwanden reich beladen mit Beute. Mit ihren flinken Kielbooten, wahren Meisterwerken für die damalige Zeit, fuhren sie auf den Flüssen landeinwärts und zerstörten Städte wie Köln und Paris.
Auf der Suche nach waldbedecktem Land im Süden Grönlands gelangten sie nach Nordamerika. Sie beschlossen, sich dort niederzulassen. Damit trafen sie aber auf den heftigen Widerstand des dort ansässigen Indianervolkes. Drei Jahre lang wurde um das Land gezankt. Als ihr Kapitän von indianischen Pfeilen getötet wurde, segelten sie zurück, die ...

Wörteranzahl: 118

Weihnachten in den USA

Getrenntschreibung: Verbindungen aus zwei Verben

Wenn man in den Abendstunden vor dem Weihnachtsfest durch amerikanische Wohngebiete spazieren geht, kommt man sich wie auf einem Volksfest vor. Die Fenster und Fassaden der Häuser sind mit blinkenden Lichtgirlanden und Bildern geschmückt. In vielen Vorgärten stehen ganze Ansammlungen von beleuchteten Rentierschlitten und Nikoläusen. Gelegentlich kann man sogar aus einem Lautsprecher Weihnachtslieder hören. Jeder Passant wird so mit der Vorfreude der Bewohner bekannt gemacht.
In den Wohnzimmern steht der Christbaum schon lange vor dem Fest. Unter den farbigen Süßigkeiten, rotgrünen Schleifen und aufblitzendem Schmuck kann der Baum regelrecht verloren gehen. Viele Verwandte reisen oft von weitem an, so dass man auch die neuen Familienmitglieder kennen lernen kann. Doch erst am Morgen des ersten Weihnachtstages werden Geschenke ausgetauscht.

Wörteranzahl: 118

Wer mag das sein?

Getrenntschreibung: Verbindungen mit -einander

Zuerst waren sie miteinander verfeindet. Bislang hatten sie ja nichts voneinander gewusst. Wenn sie sich zufällig ansahen, erschraken sie. Schnell blickte jede in eine andere Richtung. Sie wollten nicht miteinander spielen und nicht nebeneinander sitzen. Es schien zunächst, als ob sie sich nie kennen lernen wollten. Doch dann spürte man, wie sie sich mehr und mehr füreinander interessierten. Ihre Freundinnen wurden eifersüchtig, wenn sie die beiden öfters beieinander hocken sahen. Was gab es da zu flüstern, zu lachen und zu schreiben? Merkwürdig, vor ein paar Tagen hatten sie sich doch nur böse Blicke zugeworfen!
Und wie ähnlich sie sich sahen! Fast zum Verwechseln ähnlich! Kein Wunder, denn es handelte sich ja auch um Zwillinge aus Erich Kästners Buch ...

Wörteranzahl: 119

Zusammenschreibung: zusammengesetzte Adjektive

Wale beobachten

Nicht weit entfernt von der nordamerikanischen Ostküste kannst du Wale beobachten. Du musst am Morgen frühzeitig mit einem Boot aufs offene Meer hinausfahren, um ein atemberaubendes Schauspiel zu erleben.
Nachdem die Motoren eine Weile lang verstummt sind, werden die Wellen urplötzlich von einem dunkelgrauen Rücken zerteilt, der abtaucht und wieder erscheint. Bald sind es zwei, drei tonnenschwere Körper, die um das Boot kreisen. Ein Wal lässt eine muntere Fontäne als Willkommensgruß aufsteigen, geradeso, als ob er sich über den Menschenbesuch freute. Ein anderer Wal taucht steil ab. Seine stahlgraue Schwanzflosse sieht sekundenlang aus wie eine Fahne im Morgennebel. Nach ein oder zwei Viertelstunden wird es den Meeressäugern aber zu langweilig, und sie widmen sich interessanteren Beschäftigungen in dem bitterkalten Meer.

Wörteranzahl: 120

Getrenntschreibung: Verbindungen von so, wie oder zu mit Adjektiv oder Adverb

Eine Touristenattraktion

Schon vor mehr als zweitausend Jahren war diese Stadt so groß, dass sie Hauptstadt und Mittelpunkt eines Weltreiches war. Damals schon wohnten dort Millionen von Menschen. Keiner weiß, wie viele es genau waren.
Heute ist sie eine der interessantesten Hauptstädte der Welt. Aber sie hat auch heute noch zu viele Probleme: zu großen Lärm, zu viel Verkehr und zu viel Schmutz.
Trotzdem gilt die Stadt als so romantisch und so berühmt, dass sie zahlreiche Touristen anzieht. Darunter sind viele Christen, die das Oberhaupt der katholischen Kirche, den Papst, sehen möchten. Es ist kaum zu glauben, wie beliebt bei den Besuchern besonders die alten Stadtteile und die Ruinen sind.
Weißt du, von welcher Weltstadt hier die Rede ist?

Wörteranzahl: 117

Eine Reise durch die Wüste

Wörter mit end oder ent

Die Sahara* im Norden Afrikas gehört zu den größten, heißesten und trockensten Wüsten dieser Erde. Wenn man sie durchquert, scheint sie endlos zu sein.
Am Tag muss der Reisende schwitzend und erschöpft Temperaturen bis zu 50 Grad im Schatten aushalten. In der Nacht erlebt er nicht selten frierend Temperaturen um den Gefrierpunkt.
Denn wenn am Abend die Sonne endgültig hinter dem Horizont verschwunden ist, entweicht die tagsüber gespeicherte Sonnenwärme schnell in den Weltraum. Dann ist warme Kleidung unentbehrlich, will der Reisende hier nicht erfrieren.
Jeder Wüstenreisende atmet erleichert auf, wenn er endlich sein Ziel erreicht hat und den Gefahren der Wüste heil entkommen ist.

Wörteranzahl: 104

Der kleinste Diamant der Welt

Wörter mit ant oder ent

Manche Menschen träumen davon, einen großen, kostbaren Diamanten zu besitzen. Dabei ist es interessant zu wissen, dass erst der Schliff einem solchen Edelstein seinen wahren Wert verleiht. Dann bezeichnet man ihn nämlich als Brillanten.
Wärst du sehr enttäuscht, den kleinsten Brillanten der Welt als Geschenk zu erhalten? Er ist kleiner als ein durchschnittliches Sandkorn und würde am Strand kaum auffallen. Dennoch wurde er mit der Hand so kunstvoll geschliffen, dass er 57 winzige Seitenflächen aufweist.
Es wäre sehr riskant, wenn dieses Wunderwerk versehentlich auf den Boden fiele. Vermutlich würde man ihn nur mit größter Mühe entdecken. Hoffentlich besitzt du irgendwann einmal einen größeren Edelstein – es muss ja nicht unbedingt ein Diamant sein.

Wörteranzahl: 113

Wörter mit eu

Der Schrecken der Meere

Er war reich und gefürchtet. Er gilt als der berühmteste Freibeuter, der über die Meere kreuzte. Bevorzugt raubte er spanische Schiffe aus, die mit ihren ungeheuren Schätzen an Gold und Silber von Südamerika in ihr Heimatland unterwegs waren. Wo immer er die Gelegenheit dazu hatte, machte er Beute. Seine Schiffe konnten schnell beschleunigen und leicht wenden.
Immer wieder erneuerte er seinen Ruf als ausgezeichneter Kapitän und Pirat. Er machte die englische Krone reich und gewann so das Ansehen der englischen Königin. Sie schlug ihn für seine Heldentaten – oder waren es scheußliche Gräueltaten? – zum Ritter. Später wurde er sogar zum Vizeadmiral* der englischen Flotte ernannt.
1588 gelang ihm sein bedeutendster Sieg, die Vernichtung der spanischen Kriegsflotte. Es ist der Freibeuter ...

Wörteranzahl: 118

Wörter mit ä oder e

Im Garten Frankreichs

Nele fährt mit ihren Eltern in einem Reisebus die Loire entlang. Die Loire* ist mit 1012 Kilometern der längste Fluss Frankreichs. Vom Zentralmassiv* aus fließt sie ungefähr 500 Kilometer nördlich. Dann wendet sie sich nach Westen zum Atlantik hin. Die Loire ist ein schöner, wilder Fluss, der so fließen darf, wie er will. Er ist weder verbaut noch begradigt. Daher ändert er ständig seinen Lauf. Längs der Loire gibt es Sandbänke, Schilf und Flussarme mit vielen Tieren: Krebsen, Hechten, Lachsen und Vögeln. An den Ufern des Flusses stehen zahlreiche prächtige Schlösser, von denen viele besichtigt werden können. Diese herrliche Landschaft, die den Namen „Garten Frankreichs" trägt, wird jährlich von vielen Tausend Gästen besucht.

Wörteranzahl: 113

Ein bekannter Zeichentrickfilm

Wörter mit ng

Kennst du die Geschichte eines kleinen Jungen, der im Dschungel bei einer Wolfsfamilie aufwächst? Er marschiert mit den Elefanten und singt mit den Vögeln. Eines Tages wird er von Affen gefangen, doch ein Bär, sein bester Freund, rettet ihn. Bevor die Affen sie verfolgen können, sind sie längst im Grün des Urwalds verschwunden. Der Junge kann übrigens genauso geschickt wie seine Tierfreunde über Hindernisse springen, auf Bäume klettern und mit langen Schlingpflanzen durch die Lüfte schwingen. Angst hat er keine, obwohl er beinahe von einer Schlange gefressen worden wäre und der große Tiger ihn beseitigen will. Trotzdem geht der kleine Wildfang eines Tages zu den Menschen zurück.
Diese spannende Geschichte zeigt ein berühmter Zeichentrickfilm von Walt Disney*.

Wörteranzahl: 117

An der Steilküste Großbritanniens

Wörter mit st

Lena steht mit ihrem englischen Freund Tim an der steinigen Südküste von Großbritannien. Vor ihnen liegt das stürmische Meer. Hinter ihnen erstreckt sich ein schmaler Strand mit steilen Klippen und einer Höhle, die von Schmugglern als Versteck benutzt worden war.
Diese Höhle haben die Wellen mit der Zeit aus den Klippen gewaschen. Ihre Form wird ständig durch das Wasser verändert. „Dieser stattliche Felsbogen dort“, erzählt Tim, „entstand dadurch, dass die Wellen die Klippe ständig von zwei Seiten angegriffen haben.“
„Ist es hier nicht auch gefährlich?“, fragt Lena. „Doch“, erklärt Tim, „es können Steine herabfallen, oder die Flut könnte die Feriengäste überraschen. Wer hierher kommt, sollte sich am besten nach dem Zeitplan von Ebbe und Flut erkundigen.“

Wörteranzahl: 116

Wörter mit v

Straßen aus Wasser

Das Boot mit den vielen Fahrgästen dreht eine letzte Kurve. Vorsichtig legt es an der Anlegestelle an. Beim Aussteigen versuchen wir vergeblich die Ersten zu sein. Aber kein Problem, wir haben ja vier Tage Zeit, diese italienische Stadt zu genießen, die so ganz anders ist als andere Städte der Welt.
In dieser Stadt bestehen die Straßen aus Wasser. Sie ist auf vielen winzigen Inseln gebaut. Wer hier von einem Ort zum anderen will, benutzt nicht die Bahn oder den Bus, sondern nimmt eines der vielen Motorboote, die in die verschiedensten Richtungen fahren. Ein ganz besonderes Vergnügen ist es, in einer Gondel durch diese Stadt mit ihren herrlichen Palästen und Villen zu fahren, durch das schöne ...

Wörteranzahl: 115

Wörter mit b

Auf der Alm

In den Alpen befinden sich oberhalb der Baumgrenze große Bergweiden. Nach dem Almauftrieb im Mai oder Juni verbringt das Vieh aus den Dörfern dort den Sommer, um die würzigen Bergblumen und Gräser zu fressen.
Sennerin und Senner, die in dieser Zeit in der Almhütte wohnen, besorgen das Melken und stellen den begehrten Käse her. Obwohl sich die Bedingungen in der Almwirtschaft gebessert haben, ist das Leben dort nicht einfach. Jedoch sind heute die Wege zu den meisten Almen befahrbar.
Im Herbst, meistens Ende September, treibt man die Tiere wieder ins Tal hinab. Der Almabtrieb ist überall ein besonders festliches Ereignis. Dann werden die blumengeschmückten Rinder wieder den Bauern übergeben.

Wörteranzahl: 109

Großer Entdecker oder Angeber?

Wörter mit ch

Am Ende des 13. Jahrhunderts diktierte ein Mann in den feuchten Kerkern Genuas* einem Mitgefangenen einen langen und ausführlichen Bericht über seine Reise nach China. Nach der Gefangenschaft entstand daraus ein Buch, das bald in viele Sprachen übersetzt wurde.
Mit großem Interesse nahmen die Menschen die erstaunlichen Dinge zur Kenntnis, die hierin geschildert wurden. So erfuhren die abendländischen Christen zum ersten Mal, wie die Menschen in dem großen chinesischen Reich lebten und welche Völker und Religionen es dort gab. Sie erfuhren manches über die großartige Kultur und die mächtigen Kaiser Chinas. Sie staunten über das Bezahlen mit Papiergeld, über das leichte, hauchdünne Porzellan und über die dicht bevölkerten Städte.
Doch ob er das wirklich alles selbst gesehen hat, der Entdecker ...

Wörteranzahl: 119

Faszinierend

Verben mit den Vorsilben er-, ver-, -unter- und nach-

„Faszinierend" war sein Lieblingswort und Faszinierendes erlebte er auf einem Raumschiff.
Sein Vater war Vulkanier*, seine Mutter ein Mensch, aber menschliche Gefühle versuchte er zu unterdrücken. Für ihn zählte nur die Logik.
Lachen sah man ihn fast nie, nur ab und zu hob er verwundert seine Augenbrauen. Meistens geschah dies, wenn er sich mit dem Schiffsarzt unterhielt, einem Menschen, der sich ständig von seinen Gefühlen leiten ließ.
Sein Markenzeichen waren seine spitzen Ohren. Darüber hinaus besaß er besondere Fähigkeiten. Er konnte seinen Geist mit dem anderer Wesen verschmelzen und ihre Erfahrungen und Gedanken verstehen und nachempfinden.
Zuletzt wurde er auf Romulus* in geheimer Mission gesehen. Seitdem ist er spurlos verschwunden.

Wörteranzahl: 120

Adjektive auf -isch, -ig, -sam, -lich und -bar

Andere Länder, andere Sitten

Andere Länder haben auch andere Bräuche. Und das gilt auch für das Weihnachtsfest.
In England klettert das himmlische Christkind am Heiligen Abend mühsam durch Kamine. Es füllt Geschenke in extra dafür aufgehängte Strümpfe. Die Geschenke für die holländischen Kinder bringt der Weihnachtsmann auf einem kräftigen Esel, für den extra Hafer gestreut wird. In Spanien küsst der Weihnachtsmann alljährlich am 24. Dezember jedes Kind. Diejenigen, bei denen der Kuss einen schwarzen Fleck hinterlässt, sind sehr glücklich. Denn sie werden später, am Dreikönigstag, ein wunderbares Geschenk erhalten.
Und in Russland? Dort reist Väterchen Frost, der russische Weihnachtsmann, mit seinem leicht lenkbaren Rentierschlitten aus Sibirien an. Logisch, dass er bei dieser beschwerlichen Anreise erst am 31. Dezember da sein kann. Fröhliche Weihnachten!

Wörteranzahl: 119

Adjektive auf -lich, -sam und -bar

Besuch kommt selten

Er bekommt selten Besuch. 1969 war zum ersten Mal jemand da, seit 1972 ist er sehr einsam. Eigentlich kamen überhaupt nur zwölf Besucher vorbei. Vielleicht besuchen ihn deshalb so wenige, weil er für Menschen ohne eine künstliche Umwelt tödlich ist. Voller Staub und tiefen Kratern bietet er nichts Grünes und Lebendiges. Er besitzt kein Wasser und die Temperaturen schwanken stark. Die Reise dorthin ist weit und gefährlich.
Dabei sieht er aus der Ferne wunderbar aus. Nachts leuchtet er, aber das ist eine optische Täuschung. In Wirklichkeit leuchtet nicht er, sondern er wird beleuchtet.
Obwohl er eine beachtliche Geschwindigkeit hat, zieht er für uns langsam und gemächlich in achtundzwanzig Tagen seine Bahn und hofft, dass ihn mal wieder jemand besucht.

Wörteranzahl: 119

Höllisch scharf!

Trennung von Doppelkonsonanten

Simon macht Urlaub im Ausland. In einem Speiselokal entdeckt er auf einem Nachbartisch ein raf-finiert duftendes Gericht, das er auf der Stel-le auch haben will.
Das Es-sen kommt in einer großen Schüs-sel. Simon nimmt einen Löf-fel und schluckt den ersten Bis-sen. Zuerst schmeckt es nach gegrill-tem Huhn und Walnüs-sen. Und Pfef-fer ist wohl auch dabei, sehr viel Pfef-fer! Bald fängt es überall zu bren-nen an, von den Lip-pen bis in den Magen. Das Gericht ist so höl-lisch scharf, dass Simon richtig durchgeschüt-telt wird. Er schwitzt am ganzen Körper und trinkt schnell ein Glas Was-ser. Doch erst beim Brotes-sen wird es ein biss-chen bes-ser.
Noch die ganze Nacht über hat Simon das Gefühl, als ob er Feuer verschluckt hät-te.

Wörteranzahl: 118

Die liebe Verwandtschaft

Trennung von Doppelkonsonanten

Karl und Maria haben zwei Töchter. Obwohl die Verwandtschaft überschaubar klein ist, gibt es doch im-mer wieder Grund zu Kum-mer und Sorgen. Wie soll die Sitzordnung beim nächsten Familienfest sein?
Max und Jen-nifer sind Geschwister, deren Streitereien im-mer schlim-mer werden. Ob man die beiden zusam-men an einen Tisch setzen kann? Bes-ser versteht sich ihre Mut-ter Han-nelore mit ihrer einzigen Schwester, die Sonja heißt. Die beiden kön-nen und wol-len die ewig gleichen Diskus-sionen nicht mehr hören.
Sonja denkt sich, dass es wohl bes-ser ist, ihren Nef-fen Max weit weg von ihrer Nichte zu setzen. Sie will ja nicht, dass sich ihre Mut-ter Maria ständig über die beiden aufregen muss.
Wenn du aufgepasst hast, weißt du jetzt, wie die Enkeltochter von Karl heißt.

Wörteranzahl: 120

Trennung bei st

Der Kaiser

„Der Kaiser" wird er genannt, aber er ist kein Adliger und besitzt keine Ländereien. Seinen Ruhm verdankt er seinen sportlichen Talenten.
Für viele ist er der bes-te Fußballer, den Deutschland je hatte. Die Zuschauer begeis-terte er mit seinen meis-terlichen Spielküns-ten. Er war kein Stürmer, sondern ein großer Spielmacher, der mit präzisen Pässen die Stürmer auf Torjagd schickte. Will man seine sportlichen Erfolge auflis-ten, fallen den meis-ten vor allem zwei Leis-tungen ein. Er ist der ers-te Deutsche, der zweimal Weltmeis-ter wurde, 1974 als Spieler und 1990 als Teamchef* der deutschen Fußballnationalmannschaft. Seinen Ruhm nutzte er außerhalb des Fußballfeldes. Er war einer der Ers-ten, die Werbung in Fernsehen und Zeitschriften betrieben.

Wörteranzahl: 109

Komma bei Aufzählungen

Chinesische Stadtviertel in den USA

Hungersnöte, politische Machtkämpfe, aber auch Geschäftsinteressen haben schon immer viele Chinesen aus ihrer Heimat vertrieben. Viele siedelten sich in den USA an, wo sie in den großen Städten oft in einem eigenen Stadtviertel, Chinatown* genannt, leben.
Wenn man dieses Gebiet durch ein buntes, reichhaltig geschmücktes Tor betreten hat, ist man in einer anderen Welt. Nicht nur Büros, Geschäfte und Restaurants, sondern auch Telefonzellen sind mit unverständlichen Zeichen beschriftet. Oft sind die Gebäude von mehrfach geschwungenen Ziegeldächern bedeckt.
Auf den Straßen begutachten winzige, uralte Chinesinnen die Früchte von Händlern, die fremdartig aussehen. Der merkwürdige Geruch in den Geschäften stammt von getrocknetem Fisch und essbaren Algen. Hungrige und durstige Besucher erhalten in engen Imbissstuben grünen Tee, nahrhafte Hühnersuppen oder andere Leckereien.

Wörteranzahl: 119

Knollig und schmackhaft

Komma vor als, dass, obwohl, während, weil und wenn

Sie tritt meistens in Massen auf, denn als Einzelgängerin interessiert sie nicht sonderlich. Sie gehört zu den wichtigsten Nahrungsmitteln, die wir in Deutschland haben, obwohl sie klein und knollig ist.
Als sie vor dreihundert Jahren aus Südamerika nach Europa kam, staunte man sehr. Zunächst hielt man die Pflanze selbst für das Wichtigste, weil sie so schöne Blüten hat. Keiner wollte glauben, dass man ihre hässlichen, graubraunen Knollen essen kann.
Vielen Menschen läuft das Wasser im Mund zusammen, wenn sie nur an sie denken. Sie lieben sie gekocht, gebraten oder gegrillt, rund oder länglich. Sie sind froh, dass es sogar umfangreiche Bücher mit den verschiedensten Rezepten für ihre Zubereitung gibt, für die ...

Wörteranzahl: 111

Ein früher Morgen in New York

Komma vor Relativsätzen

In kaum einer Stadt in der Welt haben es die Menschen so eilig wie in New York*. Die Menschen, die zu Beginn eines Arbeitstages von allen U-Bahn-Stationen ausgespuckt werden, hasten dicht gedrängt auf den Bürgersteigen entlang. Ein Einzelner, der einer solchen Menschenwalze entgegenkommt, muss beinahe um sein Leben fürchten.
Da flüchtet man am besten in den Windschatten eines Imbisswagens, der sich auf dem Gehsteig befindet. Dort nehmen die New Yorker ihr Frühstück ein. In Windeseile wird dort ein Kaffee zubereitet und ein süßes oder salziges Gebäck gereicht. Mit unter dem Arm geklemmter Aktentasche eilen sie dann frühstückend weiter und bekommen auf dem Weg auch die neuesten Nachrichten mit, die von den Leuchttafeln mancher Hochhäuser herabflimmern.

Wörteranzahl: 115

Fremdwörter

Schon als Kind ganz groß

Wolfgang Amadeus Mozart* war ein musikalisches Wunderkind. Sein Vater, ein Experte in Sachen Musik, erkannte früh sein Talent und unterrichtete seinen Sohn im Klavierspiel. Im Alter von nur 6 Jahren gab der kleine Mozart bereits sein erstes Konzert. So früh hatte das kein Kind vor ihm getan.
Er konnte nicht nur elegant Klavier spielen, sondern wurde bald auch selbst kreativ. Mit viel Fantasie komponierte er seine ersten Musikstücke schon mit 8 Jahren. Danach ging seine Karriere steil bergauf. Oder kennst du einen anderen Jungen, der schon mit 13 Jahren Konzertmeister wurde?
Eines seiner bekanntesten Stücke ist „Die kleine Nachtmusik".
Übrigens war er der schnellste und produktivste Komponist seiner Zeit. Er schrieb 625 Musikwerke, obwohl er schon mit 35 Jahren starb.

Wörteranzahl: 120

Fremdwörter mit ie

Einsame Klöster in Griechenland

Mönche und Nonnen haben sich oft in besonders entlegene Orte zurückgezogen, um sich, ungestört von Ablenkungen, auf ihren Glauben zu konzentrieren. In den Meteora-Klöstern* in Griechenland haben Mönche Kapellen und Gebäude auf die Gipfel steiler Felsnadeln gebaut. Oft konnte man nur dann in das Kloster gelangen, wenn man sich in einem Korb, in dem auch das Lebensnotwendige transportiert wurde, über schroffe Abhänge emporziehen ließ.
Auch heute ist es kompliziert, ein solches Kloster zu besuchen. Manchmal muss man lange in glühender Hitze auf engen, gewundenen Trampelpfaden den Berg hinaufklimmen. Dann aber wird man durch die friedliche Atmosphäre innerhalb der kühlenden Mauern und durch den faszinierenden Ausblick auf den freien Horizont belohnt.

Wörteranzahl: 110